遺産

LEGACY

原作『天正遺欧使節記』
原作者 グィード・グワルティエリ（Guido Gualtieri）
出版責任者
ローマにて、フランチェスコ・ヴァンネッティ
（In Roma. Per Francesco Zannetti）
1586年
ローマ・バチカン出版検閲の許可を得て

充実した模範的な出会い

今回、ギド・グアルティエリが華やかに記した、1585年の教皇と天正少年使節との出会いが日本語訳で出版されることになり、喜ばしく思います。特に、今年は教皇と日本国民との再会の年になるからです。

今回は聖フランシスコ・ザビエルが愛した国、1585年当時の教皇グレゴリオ13世に謁見した少年使節を育てた日本での再会になります。その少年使節の一人は後に殉教し福者と認定されました。

この出版が相互の理解と平和を深めるきっかけになりますように。

ヴァチカンにて、2019年８月20日

フランシスコ

Un intercambio enriquecedor y ejemplar

Es una gran alegría para mí ver que la historia del encuentro entre el Papa y los Cristianos Japoneses que tuvo lugar en el 1585, y que fue floridamente narrada por Guido Gualtieri, vuelve a hacerse pública traducida al japonés. Y lo es en especial porque este año es el año de un re-encuentro entre el Papa y el Pueblo japonés, esta vez en las tierras tan queridas por San Francisco Javier y en donde se formaron los Cuatro Jóvenes (uno de ellos Mártir y Beato) que fueron a ver al Papa Gregorio XIII. Espero que esta publicación sea motivo de afianzar los lazos de Paz y comprensión mutua.

Vaticano, 20 de agosto de 2019.

Francisco

目次

『日本國使者到来の報告、
日本國使者、ローマ到着から
リスボン出発に至るまでの報告、
並びに、通過した諸国王侯の歓迎の記録』

尊師カルディナーレ・アッツオリノ台下にこの本を捧げる

心より尊敬する師に、この本を御捧げ致します。

古の文言に見られるように、我々の先人は、知識欲に燃え、困難に屈しない志を持ち続け、素晴らしい成果を上げてきました。なぜならば、南極のみならず、更に越え、その後方にある我が地球の北極を目指す探究心にあったからです。著名な劇作家セネカ（Seneca　皇帝ネロの教師を務めた人物）の詩で、いみじくも預言しているように、『これらの地の果ては、いつの日か発見すべきことであり、既に、人々の推察によって断定していることでもある』と。

『セネカの詩』

『かくして数百年後に　海神ポセイドンが治める大海原を越え
無限の大地に打ち出て行き
ティフィス（ギリシャ神話に登場するアルゴナウティの息子）のように、神の新世界を発見し
テューレ（スコットランドの街の名 Thule）が
最北の地の果てで無いことを知る時が必ず来るでしょう。

Venient annis Secula feris,
quibus Oceanus Vincula rerum laxet,
Et ingens Pateat Tellus,
Typhisque novos Detegat Orbes,
nec sit Terris Ultima Thule.

即ち、著名な賢人により、恐らく暗に、更に多くの世界を発見することは、このことを指さしていると思われる。また、このことを信ずべき言い伝えもある。それは、かのアレッサンドロ大王が、『インドの後方に、尚7ヶ月の間、大洋を航海した先に他の世界がある。』と考えていたと。冷静に考察すれば、偉大なる主イエズスは、御心により新世界の発見を保留して下されたのだと。即ち、これぞまさしく神の栄光を弘《ひろ》め、教会を大きくする道であります。既に、約90年の間、これらの地と往路の航海を重ね成果を得ていることは、諸々の書簡や報告によって明らかであります。しかも、我らは未だ、そのブドウ園の果実を味わうことは無かったのであります。しかし、数ヶ月前に、日本の使者が、ローマ教会の長であり全キリシタンの父の許に参り拝謁したことは、主イエズスの御慈悲により、我らに、この喜びを許し給わったことであります。これぞ、かの東方の三賢者来訪（主イエズスの誕生の日）の再現が教会に行われたことであり、日本國の三大名が主イエズス・キリストを礼拝するために、王子の中の王子を名代として派遣したことは、三賢者が自ら、ベツレヘムに赴いたことと同じ事であります。思うに、これ迄ローマ・ポンティフィチェ（Pontefice ローマ教皇、天と地の橋造り）の御方に、多くの使者が派遣されてきたが、この驚異の偉業に並ぶ者は居ません。かつて、エチオピアの大侯の使者が、シスト四世聖下の許に参り拝謁したことも大いなる偉業であるが、しかし、既に、カトリック信者であり、ローマ・カトリックと何ら異ならないエチオピアの諸侯と、これまで、偶像崇拝信仰である日本國とを、初めてカトリックに入信した日本の諸侯とでは、比較する必要さえ御座居ません。ましてや、エチオピアは、遠方の地とは言い難く、また、我らは、エチオピアの事情を知り尽くしております。これに対し、日本國については、極めて遠方の地にあり、我らは、毛ほども知り得ていない未知の国であります。そして、日本國使者の四少年の年齢は、皆15歳ほどで、いずれも高貴な出自であり、危険や困難を覚悟の上で、全ての欲と安楽を捨て大海原に入り、未だかつてない長旅につき、赤道を超えること二度、帰国の際にも同じ危険を乗り超えたのであります。日本國使者の来訪を、一大驚異事と言わずして何と言えばよいでしょう。貴き信仰と主イエズスの御慈悲をもってすれば何事も成せます。このような偉業の名誉は、ひとえに主イエズスの御威力によるものですが、主イエズスの御名を世界の到る処に弘めたイエズス会の諸大師父の功績も多大であります。主イエズスの大いなるブドウ園を、彼らは、大切に保護し、より広げ、今や、その美しい果実を使徒の御座に献上致しました。だからこそ、この偉業の成功を編集し、本にて世に伝えることは、決して無益なことではありません。そのために私は、真実の記録を集め、編纂させて戴きました。

この偉業を公にすることは、主イエズスの栄光のため、敬虔な魂の救いのために必然と考え、必ず第一冊目を、輝かしいカルディナーレ・アッツオリノ台下に捧げ奉ります。輝かしい台下と御兄弟の君より、今日まで賜った多大なる御恩を、衷心より感謝致しております。御血統、及び、魂の高貴なる方々の大いなる度量と知識、そして、御力を、私は、尊敬致しつつ、司教、及び、アッツオリノ台下の御位の御威徳に最大の畏敬の念を表します。また、我が君の期待に、私が負うべき責任は甚大ですが、心よりの熱き誠をもって、この本を輝かしい台下に献上するに当たり、台下に、私の心の小さなしるしとして御納め下されば幸いです。真に、我が最初の献上品は、近頃、主イエズスの御心に有難くも叶い、第一の果実に関わることも出来、極めて光栄なことで御座居ます。また、輝かしい台下が心より奉る最有力者、偉大なローマ教皇パパ・シスト五世聖下は、常に、父にも勝る慈しみをもって庇護して下さいました。その御高徳をもって、長く教皇の重き御座につき、日本國諸侯、及び、その使者である王子たちに、一方ならぬ御恵みをかけられました。

これらの出来事を、この著書に詳しく述べさせて頂き、ローマ教皇パパ・シスト五世聖下の栄光を、輝かしい台下の優れた御見識を敬い、心より御祈念致します。また、ローマ教皇パパ・グレゴリオ十三世聖下、枢機卿諸侯、諸僧官、ポルトガル・スペイン・イタリアの各国とその全国民、ローマ元老院、並びに、ローマ市民の歓迎、敬遇、歓待の様子も、ここに明記致しました。何より私の喜びは、この本を輝かしい台下の御名によって、ローマ宮廷、並びに、歴訪した各地に、日本國諸公侯の信仰の永久の証となることであります。四少年が帰國し、その諸侯に復命した暁には、偉大なる主イエズスの栄光のために、教会のために寄与することは多大であり、今後、益々、盛大になることを少年たちに期待しております。

この言葉をもって、恐れ多くも輝かしい台下の御手を吻い奉り、神聖なる天の王であるローマ教皇の御健康と御多幸を、衷心より御祈り奉ります。

日本遣欧使者記

1586年　七月一日

ベルヴェデレ（Belvedere）にて

心より敬愛する輝かしい台下の僕

グィード・グワルティエリ

ジョアンネス・カルガ（IOANNES CARGA）の日本國使者の無事の帰國を祈る見送りの詩

ああ、主イエズスよ、かつて、遠きインドの果てより、神の子である御身に、名代の王子たちに、数々の捧物を献上させた諸王に、帰路の安全の恵みを御与え下さい。

海と陸と、世界の両極とを、御心のままに創造された主イエズスであれば、大海原を乗り超え、安らかに祖国の屋根の下へ御導き下さい。

主イエズスの御心を守護するローマに、遠き地より地球を半周し、初めて、三国とを引き合わせた勇敢なる伊東マンショとその仲間たちを

未知の国とその民に、ラテンの法をもたらす、この若き使者たちを、美しき日本の岸へ、信仰篤き豊後の君に御返し下さい

主イエズスに従順である彼らは、貴き十字架の威光により、魔物の恐れを消しさり、神々と仏が、追われ退けられた後に、輝かしい教会を建てるでしょう。

IOANNES CARGA

Felicem in patriam reditum Iaponijs Oratoribus precatur

CHRISTE, si tutos reditus dedisti Regibus, Regi puero,
Deoque Qui tibi extremis preciosa ab Indis Dona tulere.

Si mare, Et trrras, Et utrunque mundi Cardinem nutu
facili gubernas, Sospites tectis patrijs remenso
Redde profundo
MANCIVM Et fortes socios, ab axe Orbis adversi tria
detulerunt Regna qui ROMAEtua sustinanti
Munera primi.

Redde dilectis Iaponis oris Et pio Bungi domino iuventam
Non prius notis populis Latina Iura daturam.
Templa servatus tibi quisque ponet,
Cedet eiectus Chamis Et Fotoques,
Qua ceucis Sancto tremefacta ligno
Monstra premuntur.

第一章

『日本の國、及び、國民の日常生活のしきたりや習わし、風習について』

1595年　ティシエイラが刊行した日本地図

日本國使者の訪問は、主イエズスの栄光を希む者にとって、この上もない歓喜びであることに疑う余地はない。

使者の使命の目的は、

①日本國において、初めてのローマ教皇に従順の誓いをすること。

②主イエズスの御恵みによって、キリストの羊舎に、初めて日本國の国々が入ること。

③貴き教会の栄光のため、教会の敵を辱める同士となること。教会の近くに居る者は、カトリックの信仰より離脱し、心地良い頸木（畑を耕す農耕牛に着ける木製の首輪）を外したが、我らの主君は、遠き地の者を目覚めさせ、極めて謙虚に頸木を自らかけ、それによって破壊されたものを補ったのである。これぞ、ひとえに御恵み深き主イエズスの御業である。

主イエズスの御業の証として、

①第一の御恵みは、信心深い日本國諸侯の心を動かし、心よりの改宗の証を立て、若く高貴な使者たちが艱難辛苦の長旅さえも恐れない魂を得たこと。

②第二の御恵みは、ヨーロッパ滞在中、若き日本國使者達が大半を過ごしたイタリア、スペイン、そして、キリシタンの人々が競って受け入れ、礼節、尊敬、真心、愛情の籠った歓待は、歴史上例の無いこと。だからこそ、主イエズスの栄光のため、多くの人々の満足のために、高貴な使命の目的、そして、日本國からローマに至る旅路、ローマからポルトガルへの帰還、リスボン出航などの詳しい様子を明記することが肝要であります。

また、多くの人々が、より理解出来るように、あらかじめ日本國の状況や日本民族について少しばかり述べておきましょう。

そもそも日本國とは、相隣接する多くの島々によって構成され、一方には、近隣の諸島から中国まで70レガ（レガ LEGA／5556ｍ70レガは、389㎞になる）隔てられている。それらの大島の大きさは、今のところ正確に知りえていないが、およそイタリアの3倍はあると聞きおよんでいる。その位置は、同じ緯度、同じ半球にあり、ほぼスペインの反対側にあるとのこと。気候は、かなり寒冷で雪や氷が多い。また、数種の穀物を生産しており、主な穀物は米であり、我らのパンのように日本人全ての命の糧である。日本國は、到る処に山が多く不毛であり、米さえも生産出来ない地が多い。

日本人は、獣の肉を一切食さない。しかし、狩りを好み、鳥を狩り食用にする。牛羊は農耕用であり、その肉には嫌悪感を抱き、我らが馬や食さない獣の肉に対するのと同様である。獣の乳や乳製品も全て嫌っている。日本人にとって、乳は血であり、色こそ白いが獣の血と考えている。その代わり、魚肉を多く食し、その種類は極めて豊富で鱒のように美味なものがある。様々な野菜や果物にも事欠かない。その中には、我らの国でも生産している物もあり、また、我らの知らない美味な物もある。

住居は、わずかな板や藁によって覆うばかりであるが、しかし、華やかで清潔である。貴人の住居は、取り分け美しい。外面は荘麗で内面は便利であり、極めて清潔である。各室には、巧妙に織られた薄い畳を敷き、常に用いられ飾りにもなるのである。

日本人は、特に富や地位に執着せず、富や地位を大して良いことと考えていない。だから、利益を目的とする工業は、あまり行われておらず、海外貿易も盛んではない。日本國唯一の貿易品は絹であり、全ての絹は、ポルトガル人によって取引されている。

日本人は、貧しいことを恥とは思っておらず、そう言うことには無頓着である。しかし、さほど裕福で無い者でも、衣服などは、見劣りしない物を好み、下男に至るまで絹衣を着ており、各々の地位に応じて好きな衣服で外出している。

その他、日本國にも鉱山があり、良質の銀を大量に採掘している。人の言うところによれば、金脈も混在しているとのことである。金銀を業とする商人は、鉱山に集まり採掘を計画している。また、良い鉱山技師も欠かせず、その技術は、極めて精巧である。

日本國民は、才智に富み、近頃では、我らの学問や教化を習得する際に、その大いなる才能を発揮している。イエズス会の神父たちが、ラテン語や哲学の学校（セミナリオ）を設立して以来、既に、彼らは、多大な修練を積み重ねた。外国語は、非常に特異であるが、それにも拘らず極めて速く容易に習得した。

日本國の庶民、職人、勤務者は、決して我らの国々の人々のように粗暴ではなく、思慮分別があり、極めて行儀が良い。この事実は、真に驚嘆せずにいられず、日本國民は、皆、高貴な出自のように見える。

日本男子が主になすべきことは、武道の修練であり、齢12歳から14歳になれば、皆、大小の刀を腰に差す。武道の修練は、大名間の戦時にのみ役立てる。なぜならば、同じ大名の臣下間では、和睦によって事を治め、争うことが無いからである。もし、自分の家臣でもない者を傷つけたり殺した者は、死罪を科せられる。だから、互いに刀を取り争うことは、極めて稀なことである。ただし、もし争うようなことがあれば、命をかけた決闘によって事を決する。

日本國には、牢屋が無い。追放、即座の死刑、財産の没収、それ以外の刑罰がない。ただ、都や他の主要な地では、人殺しなどの重罪人は、十字架にかけられることがある。この方法は、死罪の中でも、最も面目の無い刑罰とされており、予告もなく突然に執行されるのが常である。なぜならば、日本人は、大罪に対し、死をもって償うしか無いと考えているからである。貴人の者を殺す場合は、多勢の兵を派遣し屋敷を取り囲ませ死罪の旨を申し渡し、応戦して殺されるか、自刃するか、二つに一つを選択させるのである。もし、応戦した場合は、取り囲んだ兵が、初めて、不意に屋敷に打ち入り老若男女かまわず一切を許さず皆殺しにする。自刃する場合は、信頼する親しい友か家臣を呼び、切腹直後に首を落とさせる。小刀を腹にあて一息に突く、勇気を示そうとする者は、腹を十字にえぐるのである。しかも、毛ほどの苦痛もないかのように、騒がず、動かず、ゆったりと落ち着き死に就く。盲目な人々の迷信や間違いを払拭させ、勇壮な人物とするためである。主君が自刃した臣下は、主君に忠義の誠を示すために切腹し、殉死することが度々ある。自身の腹を自ら切る行為は、日本國において度々見る習慣であり、まだ幼少の子供でも、何らかの咎や不名誉な罪があれば、父親の前で切腹するのである。

日本人は、水も凍る寒さや飢餓のような困難な時でも、極めて辛抱強い。幼少の時より、このような状況に慣れている。婦女や貴人でも、厳しい冬であろうが、夏の盛りであろうが、外出時に帽子をかぶらず、着衣は、寒気を防ぐことが出来ないものを着ている。頭を覆わず外出することを美しいとし、その頭は、念入りに毛を剃り、頭頂部にのみ毛を残して結うのである。

日本人は、不幸や災禍を極めて辛抱強く耐え忍び、その心の平静さに驚くばかりである。諸侯や貴人が領地を失っても、困窮に耐え忍び、何事も無かったかのように平然としている。真意、怒り、憎しみ、怨みなどの感情を上手に隠し、どんなに強い感情を抱いていたとしても、顔に憤怒の形相を表すことがない。我らの国々で見聞きされる喧嘩口論のようなことは、稀であり、落ち着き丁重な言葉で応対する。家から人を追放したり、それに類する事件が起きても、常に、冷静に手際よく処理する。よって、聞き苦しい議論を避けるために、当事者間で難しい談合をしても、争い抗議するようなことはしない。治まらない場合は、第三者の協力により事を決するのである。他人同士のみならず、父子、主従、夫婦間でも同様であり、全て争いを避けるためである。日本人は、争いを極めて醜いことと考え、言い争いなどをすることがない。日本人は、皆、君子の威厳と分別を失わず、互の応対は、極めて丁重である。日本人と親しく接した者でなければ信じ難いことである。

日本國の衣服、飲食、住居の設《しつら》えは、どれも極めて清潔であり、その型も同じである。日本人は、皆、同一の作法をとり、同じ学校で習ったのではないかと思えるほどである。そして、日本人は、皆、気高《けだか》く優雅であり、人間性が重厚であることを書き残さない訳にはいかない。この点において、日本人は、はるかにインドの人々をより優り、ヨーロッパの人々を遠く凌ぐほどである。

日本國の様々な習慣や言語に至っては、他国の人々と著しい隔たりがある。言語、儀式、客の接待、協議方法、座法、建築、医療、保育、その他、諸事万端、わざと他国と異なるように工夫したのではないかと思われるほどである。これらの詳細を一々説明すると大変なので、二つ三つ例を上げてとどめておきます。

例えば、

①我らは、人に敬意を表する際、帽子を取るが、日本人は、靴を脱ぐ。

②我らは、人に応対する際、直立で行うが、日本人には、立ちながら人に応対することは、極めて無礼なこと

とされており座って行う。
③我らは、外出する際、マントを肩にかけるが、日本人は、一対の長大な袴をはき、家に入る際には靴を脱ぐ。
④我らは、黄金の髪と白く輝く歯を美しいとするが、日本人は、それらを醜いとみなし、人により良く見られるために、歯と髪を顔料によってより黒く染めるのである。要約すれば、日本人にとって黒は喜の色、白は喪の色なのである。

このような差異は、婦人の風俗にも見られます。
①日本の女性が外出する際、少女の召使いを先に立て、その後に男の供を従えます。
②妊娠していない女性は、下に垂れるほどの幅広い帯を締め、懐妊したとたん、細い紐で身が切れるほどに強く結ぶのである。このようにしなければ、安産できないと思慮した上でのことである。
③子供が生まれると、我らの国では、母子ともに労り慰めるが、日本人は、直ちに冷水で洗い、母親には、極めて少量の食事を与えるのみである。

飲食についても、日本人の習慣は、他国と大いに異なり、少しの言葉で詳細を語るのは、極めて難しい。
①日本人は、床に座り、各自、四角の小卓を換え食事をとる。食事用のテーブルクロス、フキン、ナイフ、スプーンを使わず、30㎝ほどの木の箸、または、象牙の箸を極めて巧妙に使用する。全ての器具は、極めて清潔にしてあり、所作や作法は、厳かで重々しく、決して素手で食事を取るようなことはしない、素手で行うことは、非常に行儀の悪いこととされており、粉一つをも落とすことがない。

②料理は、丁寧に盛られ、優雅に取り扱い、その作法には、一定の規則がある。

③酒は、ブドウから造らず、米から醸造する。我らの麦酒ビールに当たる。

日本人は、極めて米の酒を好み、色々な折に飲み、食後には、季節に拘らず、必ず一椀の熱い湯を飲む。

④調理方法や味付けは、ヨーロッパと大いに異なり、説明するのは難しい。

日本人が、主に、極めて、重んじている財宝も非常に珍しく、このことを語れば、我国の人々は、必ず嘲笑するであろう。

①日本國では、先述した通り湯を飲む習慣があるが、これに茶と称する薬草の粉末を混ぜるのである。日本國において最も珍重される飲料であり、貴人の屋敷には、茶のために特別に設えた別室が必ずある。しかも、茶を美味しく点てる稽古をし、客を招いて丁寧なもてなしをする折には、主が自らの手で、茶を点てるのである。また、高価な水を使用するばかりか、茶のために選ばれた道具類、粉にした茶葉を入れる壺、湯を沸かす鉄の鍋、鉄の鍋を乗せるための五徳、茶を飲むための陶碗のような物も極めて高価である。この道具類は、新しい物には価値がなく、我らの感覚と反対であり、その価値は、全て古の名工によって作られた物にある。これらを鑑定する眼識、嗜好、堪能の様子は、まるでヨーロッパの金細工を商う者が宝玉の価値を判定するのと同様である。だから、茶道具の古い物は、想像が出来ないほど高価である。茶道具は、一具だけで、4000から6000ドュカーティ（Ducati 複数形、単数形はドュカート Ducato、現在の価値は、1ドュカートが10万から20万円ほど。）の価値の物があります。豊後の国王は、一つの小さな陶壺のために、40000ドュカーティ（現在の価格で40億から80億円です。）を惜しまず、また、堺の豪商のキリシタンは、二、三ヶ所に修理の跡

のある一つの五徳のために、1400ドュカーティ（1億4000万から2億8000万円）支払った。また、一鳥一木を墨で書いた水墨画でも、もし、それが古の有名な芸術家の作品であれば、日本人は、皆、大金を惜しまず求め、時には、一幅の掛軸を購入するために、三人が金を出し合い、6000スクーディ（Scudi 複数形、単数形はスクード Scudo、現在の価値は、1スクードが2万円から3万円ほど、よって6000スクーディは、1億2000万から1億8000万円です。）を払うこともあった。

②刀剣等の武具も、茶道具に劣らぬほど珍重されている。脇差でも、その鋼が強靭で乱れていなければ、度々、4000ドュカーティ（4億から8億円）を越える値段で取引され、何処であろうと、その価値は、度を越し過ぎと言わざる得ない。しかしながら、このような物が事実、日本國の富であり宝なのである。もし、ヨーロッパから来た者が、日本人に問う、『わずかな価値しかない物に高額な金を払うのは、如何《いかが》なものでしょうか？』と、日本人は、むしろ問うでしょう、『ヨーロッパにおいて、ダイヤモンドやルビーといった宝石を購入する際に、日本人が茶道具を購入する価格にも劣らない高額な金を払うのは、どうでしょうか？ 付け足して言わせてもらえば、鍋や五徳には、何かしらの用途があるが、宝石に至っては、無用の長物であり、無用の物に大金を払うことこそ愚かなことである』と。

日本國一般の統治方法も、極めて不思議であり、他の国民、他の共和国でも見たことのない方法である。第一の地位は、御屋形と称するもので、全国の君公であり、主長でもあり、領内において最大の権力を有する者のことである。そして、御屋形が支配する領地を独立国家と見なすべきである。御屋形は、己と家内の者のために、所領と領内の生産高の半分、もしくは、半分より少し多く取り、その残りを国衆と呼ばれる数人の者に分配する。これらの国衆は、知行の大小によって地位に差があり、我らの公・侯・伯爵に当たるものである。

国衆は、常に、御屋形に服従し、有事の際には、潔く知行を返還しなければならない。所領を安堵されている間は、平時でも戦時でも、自らの俸禄で御屋形に仕えなくてはならないのである。この国衆の下に、小領主と名付けられる臣下がおり、我らの男爵に当たる。そして、小領主にも同様に、その領地を支配する国衆より所領を分配されるのである。このようにして分配された小領地の半分は、小領主の親族、将兵に分配される。国衆と小領主、小領主と将兵の関係は、御屋形と国衆の主従関係と同様に服従勤務がある。即ち、主君は、臣下に対して常に最大の権力を持ち、理由を示すことなく、また、その有無にも拘らず意のままに臣下を罰し、追放し、財産を没収することが出来る。しかも、このことは、一国の御屋形が領地内で行うように、一家の父が家内において子供や下僕に対しても行われる方法である。命を奪い、腕手を切断し、望む全てを行うことが出来るのである。

このようなシステムが理由で、諸王侯の領土が広大でも、数国を有する御屋形でも、収入は少なく、広大な領地を支配していても見合わないことが度々ある。御屋形の権勢は、金銀の資金力ではなく、支配ということに当たる。例を上げれば、ある御屋形は、毎年50万俵の収入がある。(米年貢。他の課税方法は無い。)しかし、全ての国民が要求に応じた税を納めることが出来ない上、國には、10人から12人の国衆がおり、50万俵の内から、各国衆に3万から4万俵を取られるので、御屋形は、自家の費用として5万から6万俵しか残らないのである。これは、全ての内裏の費用であるが、その上、内裏の家臣、下僕に分け与えねばならない。即ち、御屋形の収入の現実は、別居する夫人、子女の館の費用として、1万5000から2万俵に過ぎないのである。しかも、皆、日本の習慣に従い、極めて華美な衣住等の生活をするので、収入は、費用に対して十分と言えないのである。御屋形と国衆との関係と、国衆と小領主の関係は、同じであり、御屋形が国衆に俸禄を与えるように、国衆も小領主に分配し、国衆には、どんなに多くても6000から7000俵しか残らない。同様に、小領主も俸禄を家来兵卒らに分配し、小領主は、毎年300から400俵程度の俸禄があれば、結構多い方だと思っている。小領主は、多数の召使いを雇い、絹衣を着せているが、だからといって、決して裕福ではない。おおよそ、主人も、召使いも皆、絹衣を着ているのである。こんな法度は、不便であるに違いないが、数百年来、一般の習慣となっており、日本國では、この法度を不都合と思っておらず、それればかりか、かえって便利で有用でもある。第一に、國王は、多数の臣下及び軍勢を養うことが出来、一旦有事が起きても、4万から6万の兵を容易に集めることが出来、しかも、そのために、特別に費用を念出する必要がなく、臣下が武具兵糧等を負担するのである。第二に、臣下は、生命、財産の全てが主君の権勢下にあるので、主君に対し絶大の尊敬と恭順を捧げ忠義を尽くすのである。しかし、領内において勢力と人望を集める者どもが共謀し、徒党を組み、主君も打つ手が無く、主君の支配を受けず、逆に、臣下が主君を支配するようなことも度々ある（下克上）。

ほかにも、日本國の普通の習慣について、特に記すべきことがある。君主や貴人は、息子が18歳、または、20歳になれば家督及び領地を譲り、自らは隠居し暮らしに必要なだけの費用をもらい生涯をおくる。しかし、有事に応じて息子の運営を助け指図もする。国家統治の経験の少ない若者が、ある日突然、権勢を執るのだから、様々な不都合が生じるのは自明の理であるが、一方では、このように、早く玉座を退き世捨人として、のんびり静かに余生を過ごすのは寛容なことでもある。

日本國の言語が、どのようなものかというと、日本國唯一の国語である。新たに発見した国々の中で最も素晴しく、上品で整っており、単語数も最も豊富である。日本語の意味を表現する力は、我らのラテン語よりも物事を明確にする。一つのことを表現する言葉が極めて多く、日本語の性質上、一種の典雅な体系、微妙な運用が求められる。例えば、一つのことを話す際、様々な人に同一の語法で話してはいけない。相対する人の地位に応じ、事柄によって、より良い言葉や特別な言葉を用いなければならない。また、口語と筆記する言葉は異なり、同じ意味をなす口語も親しい者との対談、公の演説、会議のような場など、それぞれに適した言葉を用いなければならない。もし、区別をせずに、慣例やルールを破った言葉を混用すれば人の誤解を受け、ラテン語の Solecismo（無礼者、間違い）と同然のことになるのである。即ち、訪日する外国人が日本語を完全に習得することは、極めて困難である。日本語の習得のために苦辛精勤しても、容易に会得するのは難しい。なぜならば、日本語の特性、比喩、修飾の全てを本当に会得することは、出来ないからである。だから、日本人でも、国語を習得するために多くの時間と努力が必要であり、なかなか上達しないことも不思議ではない。

最後に、日本國の宗教事情について述べます。日本國には、あまたの宗門、宗派があり、その中でも、二種類の神が主なものである。

①神と言い、日本古来の諸王の先祖である。この神については、様々な神話が伝えられているが、ある者は、不可能なことであると言い、ある者は、日本國古代の異端の神を説き、マルス（ローマ神話の軍神 Mars）を説き、偶像神を説く宗教同様に極めて醜く根拠がない。

②仏と言い、日本在来の神ではなく、中国より伝来した宗教である。特に、二つのものを極めて崇拝している。即ち、阿弥陀、及び、釈迦である。阿弥陀を神とし、森羅万象を説き、愚かな人々によって神と考えられるようになったものである。これより、無数の僧族が派生する。各派は、服装や宗旨が異なり、およそ七派あり互

いに相争っている。どの宗派も、一つの偽神を信じ、禁欲を説き、一方では、悪行をほしいままにしている。しかも、今日まで、人々の信望を集め、尊び崇められており、王侯といえども立って礼拝し、席を譲るという有様である。しかし、今日、福音の光が日本國に差し込み、人々は、ようやく、今まで暗闇の裏に隠されていた僧族の悪行の汚点を知り、キリシタンの行為の美しさ、そして、欠点の無いカトリックと比較するようになった。僧族は、今日までの権勢を失い、その悪行を忌み嫌うキリシタンばかりか、真理や聖典の知識の無い一般民衆が抱いていた信望や尊厳を失ったことは、真に想像に余りあるほどである。この結果は、民衆が今日まで地上の聖者と考えていた僧族の悪行に気が付いたからである。よって、全ての門派は、迫害され、数百年の間、保有していた収入と富を奪われるようになったのである。

第二章

『四少年がローマに派遣された理由について』

大友宗麟ドン・フランシスコ像

日本國は、分国された数がとても多く、どの国も極めて豊かで物資が溢れている。國民は、才能があり、とても賢く気が回る。長い間、偶像崇拝の暗闇の底に沈み、真の光を識る機会が無かったが、主イエズス御誕生の後、１５４９年にイエズス会創設者の一人のフランシスコ・ザビエル神父（Padre Francesco Xaviero）が、同会の者どもを連れ、日本國に錫杖をとどめたのである。その後も同士を呼び寄せ、この未墾の地に福音の種を弘《ひろ》めてより、その果実は、自らの手で洗礼を施し、主イエズスの羊舎に導いた魂の数は、極めて多かった。ザビエル神父が日本國を退去した後も、そして、昇天後も、神の御擁護と御慈悲により幸いにも信者の数は、益々、増加し、今日、キリシタンの数は、16万人を数えるほどに至ったのである。

当初、異端と偶像崇拝の裏に沈める者と較べても、真に、九牛の一毛（取るに足らないこと）に過ぎないが、ザビエル神父がカトリックを極めて多くの人々に布教され、その土台が極めて堅固であることは、信じられないことであり悦ばしいことである。良心の燃え上がる炎、光、清浄さ、また、主イエズスの素晴しい御力を、この新しい主イエズスの草木に見ることが出来る。日本國においての布教には、天より多大な慈悲が下され、日本人が生まれながらにして持ちあわせた叡智と賢さを、益々、大きくし、望みは、揺らぐことなく固まり驕慢無恥の世界から遠ざけて離して下さった。当初より、このような状況になるためには、長年の年月を費やしたが、今では、主イエズスを深く信じ、のどの渇いた者が水を欲するように、一般庶民の間にも弘まった。日本人は、主イエズスを聖教会の集団の第一の神として崇め、この世の解脱のために選ばれた御方として心身を清め慎んで奉った。その福音や慈悲の御力によって、カトリックの布教は少し遅れたが、神の御恵みにより主イエズスの教会の懐に権勢を持つ数人の大名を導き入れたのである。これらの大名は、自ら模範となって貴き御教えを高め、その栄光を賛え世間に広く知らしめた。その内でも、特に三人の大名が名立たる面々である。

第一に、最も極めて重要な人物は、豊後（大分県）の王　大友宗麟（ドン・フランシスコ）である。この方は、日本人が、未だ、異教を奉じている時に、最初から、イエズス会の神父たちを受け入れ、豊後において、布教することを許可したのである。その上、豊後の王は、他の諸侯にも取り持ち、その他の地や都に推薦して下さり、街に入ることが出来たのである。よって、豊後の王の力添えのおかげで主イエズスの御心にかない、その良心に恥じない行いを厚く報いて下さった。豊後の王は、まず、乱世に臨み、常に新しい領地、国土を獲得させ、わずかな年月の間に12の所領から5国の大名となったのである。この繁栄は、全て、その国で掟を許したからである。やがて、豊後の王は、自らキリシタンとなり、洗礼を受ける決心をし、その執心と真心は、ただ自身のみの解脱と罪を犯さない道を得ようとしたばかりでなく、他の人々にも貴い福音を受けさせるために能力と全身全霊を傾けた。その甲斐あって、思いもかけない成果が生じたのである。当初より、豊後の王の大いなる権勢にもよるが、第一に、予《かね》てより人々は、豊後の王が聡明であると評判をしていたことが理由である。よって、豊後の王の改宗の噂は、たちまち四方に弘まり、人々は、あれほど賢く、日本の諸門派のことに詳しい豊後の王がキリシタンになった以上、我らのような者でもカトリックを奉じぬ理由など無いと話し合ったのである。

第二の人物は、有馬の王　有馬晴信（ドン・プロタジオ）である。有馬の王の父は、肥前（長崎県）の国の大半を領していたが、晩年に龍造寺という臣下が、他の者と共謀し少なからず領地を失った。それでも、予て大国の王だったので、今でも、その権威は大きく諸侯の間でも傑出していた。我らの主イエズスは、この王にキリシタンとして生涯を終われる御恵みを御与えになられたのである。信仰と洗礼を受けたお陰で、残りわずかな生涯の後に、より良い永遠の命へ渡ったのである。有馬の王の後を継いだ若者は、この国を乱す偶像崇拝の司祭である坊主どもの圧力のために、父王の先例をならうことは出来なかったが、やがて国事を処理した後に、イエズス会の神父たちと談言し、その勤めと御教えによって、一族郎党、並びに、取り分け主だった家臣たちと共に入信したのである。

第三の人物は、大村純忠侯（ドン・バルトロメオ）と呼ばれる方です。主イエズスは、他の諸侯より先に、大村侯に、日本人として初めて洗礼を御与えになられたのである。それは、１５６３年以来のことで、深い思い入れをもって邪神の寺院と偶像を地に放り投げ、全ての臣僕を同じ信仰に入れる以外の望みを抱かなかった。だから悪魔は、大村侯に対して大きな騒動を起こし領土の一部を失わせたが、大村侯は、少しも動揺せず、それどころか、益々、その信仰心を固めたのである。このことが、我らの主イエズスの真理に叶い、間もなく、失った全ての領地を取り返させて下されたのです。大村侯は、益々、勇気が増し、一族の改宗に骨を折り、領内には、一つの偶像も無く、国を挙げて主イエズスに崇敬の心を捧げ、日本國において唯一の名誉を与えられる君となったのである。

この時期、日本國にイエズス会巡察師アレッサンドロ・ヴァリニャーノ（Padre Alessandro Valignano）神父が滞在しており、既に、使命を果たしローマに帰る直前であった。先述した三人の大名は、主イエズスの御名代である聖教皇を奉り、格別の帰依恭順のため、巡察師ヴァリニャーノ神父に名代の使者を同行させ、全教会のキリスティアニタ（キリストの体 Cristianita）の首座であり牧者である教皇に、真の謙虚な順従を誓う決心をし、ヴァリニャーノ神父は、この礼式を承諾された。三人の大名の帰依信心のために、この望みを取り計らい、また、ローマ教皇に初めて謁見する日本人を、今迄、しばしば書簡などにて知りえる日本人の特長、美点をヨーロッパの人々に、直ちに親しく日本國の証人を見せ、同時に、主イエズスのブドウ園を耕す艱難辛苦の真実を理解させる良い機会になると考えたからである。その他に、ヴァリニャーノ神父が思案したことは、日本國の誰かが我らの国に訪問し、その者が帰国した暁には、ローマの教会の荘厳さ、ヨーロッパ諸侯の権勢、光り輝くキリスティアニタ（キリストの体）の証人として日本國の人々に伝え弘めると考えたからである。なぜならば、日本國では、異教徒は無論のこと、キリシタンの中でも、ヨーロッパの存在やイエズス会が語る文化や霊的なことの様々な事柄について、日本人に説いて聞かせても真に信じない者が多いからである。日本人は、生まれながらに誇り高く、己、及び、己の考えのみを良いと思い、この世界に己の国よりも美しく大きな国があり、己よりも更に偉大で、更に賢い人々の存在を信じることが出来ず、また、我らの国々が多くの幸福や財産に恵まれ偉大なことがあることも信じることが出来ず、しかも、神父たちが欲望を打ち棄てて不毛不便な日本國に移り住む決心をしたのは、自己の安楽を少しも求めるためではなく、ひとえに、人のためと言っても信じてもらえず、日本人としてみれば、なぜ、そんなに素晴らしい国を捨てて日本國に来たのか信じられないのである。だから、日本人を我国に行かせ、ヨーロッパで行われている物事を見せ、後に、真実を説明させるために、これ以上の手段は無いと考えたからである。派遣された日本人は、自ら主イエズスを敬い、主イエズスのために尽くし、真実を弘める事を覚悟して、真の伝道者と成ることは明らかである。

この日のために協力する三大名は、この使命を委ねられる者を求め、親戚であり、ヨーロッパの人々の尊敬を受けられる人材は、当時、有馬のセミナリオ（小神学校）に、神父たちの保護下で育てられている数人の若者以外、適当な者は居なかった。また、その上、この年頃の若者を送るのが一番良いということにもなったのである。既に、成人した者では、厳しい天候の変動に生命の危険が伴い、しばしば航海中やインドの地で死ぬことがあるが、若く意気盛んな若者であれば大丈夫であると考えた。この判断は、これまでの航海の経験から学んだことであり、日本國の天候や我等の国と極めて異なる食物に余程深く慣れ親しんでいないので、多少の変動には、容易に順応するからである。

豊後の王（大友宗麟、ドン・フランシスコ）は、使者として日向の王と己が妹との子、即ち、甥を使わそうと思ったのであるが、その時期、甥は遠き都（安土のセミナリオ・ジェロニモ）におり、船は、まさに出航直前だったので、ドン・マンショ・伊東（Don Mansho Ito マンショは１５６９年に誕生、２０１９年、生誕４５０周年）を使者と定めた。マンショは、日向の王の甥で、15歳ほど（実際は12～13歳です。）の素晴らしい判断力と見識に恵まれた少年である。他の二人の大名、有馬の王ドン・プロタジオ（Don Protasio）、大村侯ドン・バルトロメオ（Don Bartolomeo）は、ドン・ミゲル・千々石（Don Michele Cingiva）を選んだ。ミゲルは、大村侯の甥で、有馬の王の従兄弟に当たり、マンショと同年か、やや年下である。この両人の者に、もう一組の高貴な出自の者を随行させる必要があると考え、一人は、ドン・ジュリアン・中浦（Don Giuliano Nacaura）、もう一人は、ドン・マルチノ・原（Don Martino Hara）が呼ばれた。この両人とも、他の二人とほぼ同じ歳であり、四名とも極めて良い素性の者であり、その徳、その信、その智、その賢しさ、そして、皆若く、謙遜、誠実で律儀な比類なき稀な若者たちであった。旅の間も、諸地で四少年の人間性が、良い噂の種となった。

四少年の信仰の真実は、初め、母たちとの間で生じた不和が小さな証となる。母たちは、未亡人で、その子供たちは、一人っ子であったので、恐らく、この世で再会することは叶わないと思い、今まで、日本人が試みなかった艱難な長旅に出すことを容易に同意しなかったのである。四少年は、『折角パパに謁見し、その他、ヨーロッパのキリシタンに会えるのだから、このような幸福なことを妨げないで欲しい』と母たちに、切に嘆願した。遂に、母たちも心が折れ同意したのである。しかし、母たちの心中は、堪え難い苦しみで泣くばかりであり、一人の母は、重い病の床につくほどであった。そして、無事に我らの主イエズスの御恵みによって、この障害に打ち勝ち、人々は、万事の計画と指南をヴァリニャーノ神父に任せたのである。

ヴァリニャーノ神父は、必要な近習以外に何人も随行することを許さず、出来るだけ遣欧少年使節団を質素にすることが良いと考えた。なぜならば、様々な事柄の証人となるためには、人選を厳しくする必要があり、また、このような長旅では、海陸の危難のほかにも、海賊、蛮人の襲撃も覚悟しなければならず、出来るだけ少人数が良いと思案した上でのことであった。その他、四少年の望みは、パパの御足の前に出て諸王の名代として従順を表すことであり、出来る限り忍びやかに礼式を行うつもりでいたが、パパとの謁見が極めて華美に行われるとは、予想もしていなかったのである。それにもかかわらず、我らが主イエズスの御思し召しにより、また、ローマ教皇パパ・グレゴリオ十三世聖下とシスト五世聖下の御命令によって、先述した通りになったが、それは、彼らの信仰心を善しとして褒め称え荘重の儀式を行うことにより、貴き御座の誉れが、益々、普遍となり、広く全世界に反響させることを御思案された上でのことである。

第三章

『日本出発からゴア到着に至るまで』

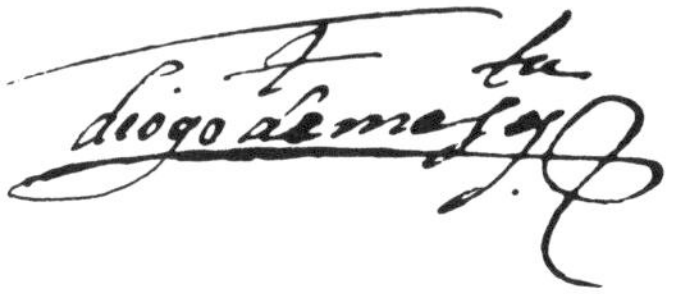

Diogo de Mesquita

メスキータ神父、1586年ドイツの新聞に掲載された銅版

その時、長崎の港には、1艘だけポルトガルの船が停泊しており、船長の名は、イニャチオ・ディ・リマ(Ignacio di Lima ポルトガル語ではイニヤシオ・デ・リマ Ignacio de Lima）と言う素性の貴き者であり、イエズス会の神父たちを極めて大切にし、信仰心のある船長が居た。巡察師ヴァリニャーノ神父と四少年の乗船を喜んで快諾したばかりか、船長室を空け四少年に提供し、大事な使命を持つ貴人が自分の船に乗船して載くことは有難く、この上もない誉れであると感謝された。

さぁ、主イエズスの御高配により出港したのは、1582年二月二十日、順風に送られ中国・マカオに向かったのである。風は、二日後には、勢いを増し、その時、起こった北東風（トラモンタナ Tramontana）は、この船路にとって最高の取り合わせであり、この海では、6~7ヶ月も吹き続ける風である。だから、気候に慣れた船人は、いつも、この時節を待って出帆する。トラモンタナの追い風で快い航海をしていると、風は、たちまちに強暴となり、ただ見ているだけでも身の毛もよだつ強大な波が起こり、非常に激しく船に打ち寄せ、さながら大砲の弾に撃たれたようであり、船体が崩れないのが、むしろ不思議なくらいであった。その上、事態は、益々、一行を心細くした。船が絶えず四方八方に傾き、人も物も揺り転げ、寝ることも休むことも出来ず、それでも、もしやと思い身を板に結び付けてみたが、とてつもない激しい揺れのため不可能であった。嵐は、いつまでも止《や》む様子がなく、その過酷さは、全く言葉に出来ないほどであった。航海に慣れた舟人でさえも、今は、流石に辛抱できず、嘔吐に心身は疲れ果て、皆、なかば死人のように倒れ臥す有様であった。しかし、これ以上の心配は、しなくて良かった。なぜならば、恐ろしく強い風にも拘らず、船が沈没しないということであった。この船の舵手が思慮深く、初めから、全ての帆を取り外していたから良かったものの、もし、そうしていなかったら沈没していたに違いない。まだ、航海に慣れない四少年は、この逆巻く大波を見て、旅の中で最大の試練と考えもしたであろう。嵐は、5～6日間続いたが、その裏には、同時に良いことも隠されていた。これ以上の強い風は無いと思えるほどの風が、船の後方から吹きに吹き船を押し続けたおかげで船は飛ぶように走り、その疾さは、矢のようであった。このような暴風であったが、このトラモンタナ（北東風）が止むと、今度は、それ以上に、更に嫌な逆風が吹き起こった。逆風が船に当たる力で、船は、やむを得ず順路を捨てて風に従い遠く中国の方へ押し返されたのである。人々は、いつも、心の武器である祈りをひたすらに捧げ、主イエズスは、良い天気を御与え下された。

やがて、良い日和となり、三月九日、即ち、日本出発より17日目に、マカオに入港した。マカオは、中国の一島であるが、今は、通商貿易のためにポルトガル人の移住地になっている。四少年は、マカオで船を下り、イエズス会の修道院にて、マカオの人々、司教、総督から歓迎を受けたのである。マカオには、9ヶ月以上も逗留した。それは、一年に一度、マカオよりインドに向かう船を待つためであった。インド行きの船を待つ間も、四少年は、時を無駄に過ごさず、ひたすらにラテン語を学び、文字を書く稽古に励んだ。語学習得は、その後の航海の間にも、雨風の妨げがない限り続けられた。

さて、いよいよ、マカオを出発する時が来た、港には、インドに向かう船が3艘もあり、四少年のために、どの船を選ぶか惑った。四少年を、日本からマカオまで送った船は、良い船であり、そのもてなしも真心の籠ったものであった。船長は、今度も乗船することを切望し、更に完美な船室を用意すると申し入れられたが、他にも、この船より強大な船があり、よって、船の選定について人々は、色々と話し合ったのである。多くの人は、四少年たちの航海の安全ばかりを考えて、他の人の思惑に無頓着であったが、しかし、先述したように、四少年を導いて来たヴァリニャーノ神父は、『旅の安全は、人の思慮で定まるものではない、ひとえに主イエズスの御思し召しに任すべきものである』と言い、話の終わりに『当初より世話になっているイニャチオ・ディ・リマの船を捨てない』と決心したのである。この決断は、『これまで、この船長が、四少年を極めて大事にして下さったのに、今更、船を換へたら、この騎士の心は、平静でいられない』と考えた上でのことである。この分別は、極めて神聖な御摂理であったことは、後日のことを思い合わせれば納得できる。

さて、同年、1582年十二月の末日の正午、良い風に乗じてマカオ港を出帆した。出帆は、したものの、この風が、やがて荒れるのではないかと疑いが起きた。なぜならば、商人の積荷が間に合わなかったために、いつもより1ヶ月も時が遅れたからである。それは、杞憂に過ぎなかった。我らの主イエズスは、後方より風を送って下さり、この上もなく幸運であった。しかし、小型船にも拘らず積荷が非常に重かったので、強風に堪えることが出来ず、帆を二つ三つ外さなければならなかった。後に続く船はといえば、はるかに長大で、全開の帆を掛け走り、見る見るうちに、四少年を乗せた船を追い抜いていった。とは言え、それらの船でも、同じ理由で大きな危険に瀕していた。1艘の船は、遂に、転覆の憂目に遭い、その船の乗組員16名の人々は、水中に落ち、なす術も無く溺死したのである。四少年の乗った船も、マストの綱をいち早く切り放していなかったら同じ運命に陥っていたであろう。本当に、四少年の航海は、危険の少ないものではなかったのである。風は、常に、益々、激しく吹き思い通りに舵を取ることも出来ず、高波が幾度も船に被いかぶさり、既に、人々は観念して、ひたすらに主イエズスにすがり祈り、あるいは、急ぎ懺悔を行った。波は、恐ろしい勢いで後方の甲板に打ち寄せ、度々、その甲板の手すりを破壊するほどであった。ある夜には、同様の荒れ狂う大波が、後方の甲板にある四少年の船室の戸を襲い、すさまじい力で戸を打ち破り、寝ている処まで海水が漲るほど浸水し、四少年は、一段と高い甲板の一室に移らねばならなかった。船長は、直ちに破壊個所を修理した。もし、修理しなければ、水は、船内に溢れ沈没していたのである。人々は、２～３日の間、辛苦と不安な時を過ごし、力の限り適切に処置すべき術を尽した。多くの積荷、その他の品々を海に捨てて、船が軽くなるようにしたのである。その内に、幸いにも、我らが主イエズスの御庇護により、暴風もおさまり、再び平穏に航海を続けることが出来るようになった。ところが、また、折悪しく浅瀬に乗り上げ、その上、逆風も吹き、船は、益々、浅瀬に追われ、人々は、最早、沈没は、免れないものと諦めた。よって、天より救護を待つよりほかに術は無く、船長は、神父らの許に来て懺悔を行い、且つ、己がために祈りを賜わることを求めたのである。すると４～5時間後に、主イエズスは、再び良い風を御与え下さり、船を順路に返してアイナンという港に導かれた。しかし、この港は、非常に危険な所で、暴風、損害に遭わずに、ここを通過することは、ひたすら主イエズスの御心に頼るものであるとされていたのである。

さて、アイナンの港を出帆してからの航海は、とても穏やかだったので3日後には、早くも陸影を見ることが出来た。その時、海上には、荷づくりした荷物など色々な物があちこちに浮かんでおり、これは恐らく共に連れ立って来た船が海賊に襲われ、積荷の品々を、この辺りに打ち流した物であろうと推察した。このような状況下で、人の不幸を悲しみ、また、己が身の上を案じながら進み行って、マラッカより30ミリア（Miglia、１８５２m／海ミリア、55・５６㎞／30ミリア）ほどの海域で、当初、マカオの港で、四少年が乗ろうとしていた船が、浅瀬に乗り上げ破壊していたのを見たのである。この海峡は、マラッカとスマトラ両島間に在り、シンガポール水道の入口に横たわり、この入口は、僅かな幅しかなく、石を投げれば届くほどであり、極めて難航の場所である。この難破は、極めて多大な不幸であった。なぜなら、この船には、60万スクーディ（約１２０億～１８０億円）ほどの荷物が積まれてあり、その一部は、海に呑まれ、一部は、セイロンのモリ族の手によるものである。このモリ族は、ポルトガル人の友であったが、モリ族の風習は、このような場合、物を取ることに何のためらいも無い。かつて、人々は、異口同音に、あの船を勧めたにも拘らず、四少年を、この船に乗せて下されたことこそ、主イエズスの御思召しと、今にして思いしらされたのである。しかし、ヴァリニャーノ神父は、難破した船の船長の心を見て、イエズス会の二人の者を乗船させていた。二人は、大変な状況下で悩み苦しんだ。実のところ、一人は、既に、病にかかっており、その上、この辛苦に会い、マラッカに到着後、直ぐに落命したのである。この二人の者のほかに旅客や舟人の多くは救助され、ある者は、直に他船のボートで救助されたのである。しかし、危難は、これに留まらず、やがて、そのボートも暗礁に乗り上げようとし、また、他の者は、このような状況で人が行うように、板や木材にしがみつき岸辺に流れ寄り、あるいは、この事故のために2~3日停まっていた四少年の船に救助され、また、この報を聞き、直にマラッカから来た船に救助された。四少年も、極めて危険な状況下から脱したわけではなかった。それは、先述した、シンガポールの海峡を通る時、船が一つの暗礁に乗り上げたからである。この暗礁は、あたかも大きな岩のように、海底の中央に横たわっており、もし、海峡を通るのが少し早かったら、船が粉微塵に砕けていたことに疑いようもなかった。舟人は、この環境を知っていたので冷静に潮が上がるのを待った。このようにしても、なかなか上手くいかないことが多いが、このたびも、まさに、その通りであった。船は、岩根に乗ったまま止まり、今は、そのために備えてある絞盤《こうばん》で上げるより他に方法が無く、その上、更に少しずつ高まって来る潮の助けをかりた。この航海で四少年が驚き楽しんで見物したのは、多数の小舟が群がり集まってくることであった。それは、マライと呼ばれるモリ族の妻子が共に小舟に乗り込み、ポルトガル船が来ると、競って集まり、その地の魚介、果物、その他、彼らが作った織物を提供し、その代わりに、陶瓶や衣を作るための麻布（彼らは殆ど裸体であった）を得ることが、営みであった。

１５８３年一月の終りにマラッカに到着した。マカオより（１５８２年十二月末に出発）、この方、数ヶ月の間（13ヶ月間）に１５００ミリア（約２７７８㎞）の旅をなしたのである。マラッカでは、司教、総督、並びに、全市民より大切に歓迎の限りを受けた。マラッカには、ほんの数日間滞在しただけで、１５８３年二月四日には、同じ船でゴアに向けて出発しなければならなかったからである。このたびの航海こそ、憂うことばかりの旅であった。この辺りの炎天下は、焼き尽くされるほどであり、この炎暑が原因で、多くの人が病に侵されるのである。中でも伊東マンショは、重い熱病に侵され、人々は、非常に憂慮した。また、イエズス会のメスキータ神父（Padre Mesguita）は、日本語を理解しており、このたびは、通訳として四少年と共に同行したのであるが、１ヶ月余り打ち続く高熱に侵された。この間、病人たちは、薬を得る術も無く、唯々、成り行きのままに任せるしか手が無く、主イエズスの御思召しに従って病を治すという、大いなる忍耐の修練を行う良い機会を得たのであった。しかし、それにも増して、大難が起こったのである。というのは、普通、この航海（マラッカ～ゴア）は、１ヶ月で事足りるのに、このたびは、全く風が吹かず凪が続き、やがて水が欠乏し始めた。このような窮乏の時に行う掟に従い、船長は、自ら貯蓄庫の鍵を預り、極めて少しずつの水を各自に配ることにした。あまりの渇きに苛まれて、遂に、海水を飲んで凌ごうとした者は、その体が腫れ上がり、あるいは、病で死に至った。

人々は、遂に、このような困苦と、はかばかしくない船足に気を腐らし、また、段々と乏しくなっていく食糧に、その身は疲労して、一層のこと一度戻ることで意見が一致したが、この凪の無さでは、どちらの方角へも船を動かすことが出来なかった。しかし、主イエズスの御心の思召しにより、少しばかり風に触れるようになった。緩やかではあったが、おかげで船も動くようになり、インドのセイロン島も見えるほどになったのである。よって、セイロン島に行き、食糧、水、その他の必要な物資を得ようという誘いにかられたが、折角の好風の機を失うのは、極めて勿体ないことと考え、尚も、ひたむきに航海を続けることを決心した。また、その時、思わぬ間違いが生じ、そのことが、また新しい困苦の原因となったのである。なぜならば、舵手は、コチンかコウランのどちらかに入港するつもりで、追い風に任せていたら、海の潮に流されて、ペスカリアの岸にあるトラワンコルの方角へ進んでしまったのである。これは、海図上、殆ど同じ経度のために起きたミスであった。既に、船が1／4程度、航海した辺りで、人々が少しずつ疑いだし恐怖に陥った。事実、このように船の方角が悪く、錘で水深を測ると、40ヴラッチャ（braccia 単数形は braccio 1・8288m、40ヴラッチャは73m）より浅かった。どこに居るのかも分からず、船が進めば進むほど、水位は、益々、浅くなり、だからといって陸が見えるわけでもなく、疑いと恐怖が、より一層湧き上がった。しかし、そう言ったものの、漸《ようや》く陸が見えるようになったのである。事実、船は、ペスカリアに向かっており、トリカンデュルと呼ばれる所の近くに居たのであった。そこで、人々の心も少し落ち着いてきたが、しかし、一旦は、取り返しがつかず風に追われて、また後方へ戻った。とは言え、前に進みたくても、その海岸にある沢山の浅瀬に乗り上げる危険があり、やむを得ず、そこに錨を下ろして船を停めるより他に術がなかった。最も困ったことは、この海域には、尖った岩礁が一面に広がり、どんなに丈夫な太綱でも全て切れてしまうのであった。ヴァリニャーノ神父は、船を停め、四少年、及び、己が到着することを、そこより、20ミリア（約37km）離れたイエズス会の修道院に使いを出し告げ知らせた。修道院の神父たちは、大いに喜び急いで来られ対面した。その際、神父たちは、人々が必要とする食糧、取り分け、清水を持って来てくれたのである。ヴァリニャーノ神父は、四少年と共に下船した。それは、第一に、長き辛苦の航海後の少しばかりの休息を取ること、第二に、御復活祭を祝うためであった。しかし、トリカンデュルには、3～4日しか留まらなかった。かくして四少年は、トリカンデュルの修道院に来て、そこの神父たちや教徒から真心の込められた歓待を受けた。

さて、今後の旅のことについて皆の意見を聴くと、陸路でコチンに行くのは、極めて困難であり危険も多いが、それでも船路を採り帰る危険に較べれば安穏でもあり、距離も遥かに短いと言うことであった。よって、ヴァリニャーノ神父は、この忠言に従い、自ら四少年を伴い少しばかりの下男と随行して陸路を行くことを決心した。ところで、通訳のメスキータ神父は、長い間、病を患い快方に向かっていたが、到底このような旅を出来る気力も無く、テュティクリの修道院に留めさせた。そして、他の同行者、及び、イエズス会の神父二人を船によって送ることにした。なぜならば、余り大勢で旅をすれば危険は増す一方であり、また、船の中にも精神的な望みを残す必要が有ったからである。このように計画を決め、マナパルの地で御復活を祝った。そして、ヴァリニャーノ神父と四少年は、コチンに向け出発したのである。

コチンへの道は、ただ長いというだけではなく、異教徒が治める土地であり、その大部分は、ポルトガル人の敵であった。よって、この旅は、人々の魂の強さ、並びに、主イエズスに捧げる頼もしい心の大きな試みとなるものであった。よって、結果的に主イエズスの御摂理は、小さくはなく、常に、彼らの上に多くの庇護を下さり、その道のりにおいて、何等の凶事に遭わず、人々は、つつがなくコチンに到着することが出来たのである。この地方では、物を運ぶために馬や他の家畜を用いず、即ち、人間の背ほどのベッドのような台を枢を担ぐように四人のインド人の肩に乗せて運ぶのである。そのインド人たちの脚は、逞しく一日に15ミリア（1609m／陸ミリア、約24㎞／15ミリア）から20ミリア（約32㎞）を進むと言われる。このようにして、四少年は、艱難辛苦の旅をし、その上、絶えず物取り強盗の恐れがあり、本当に、カトリックの敵である残酷な性のモリ族の輩の住む土地を通る時は、最も心を労したのである。それでも、主イエズスの御心に叶うことが出来、幸いにも何事も無くコウランに到着することが出来た。

コウランは、ポルトガル国の城塞である。その地に有るイエズス会の一屋に入って、一夜のみ、そこで過ごした。コウランからコチンまで、まだ80ミリア（約128㎞）ほどの道のりがあった。コチンまで、陸路で行くことが出来るが、それよりも海路の方が不便は少なかった。幸運にも1艘の船を見つけ、とにかく、これに乗ったのである。もっとも、船に武器を備えて、この辺りの海を徘徊するマラワリのモリ族に出会いはしまいかと恐れ、もし、モリ族に出会うようなことがあれば、船は小さく、武器も無く、人数も少なく、とても対抗することは出来なかったであろう。しかし、主イエズスの御庇護によって、何の凶事にも遭わず、1583年四月には、コチンに到着し、そこに居るイエズス会の人々に歓喜とともに大切に迎えられ、休息を得たのである。

この時期（1583年四月）、先述したように、船は、ペスカリアの岸に在り、一度失った航路を取り返すために、艱難辛苦の限りを尽くしていたのである。その辺りは、浅瀬暗礁が一面に広がり、一方では、強風が吹き荒れ、錨を投げて船を停めるより他に術がなかった。しかし、この手段も何の役にも立たず、その岩は尖鋭で、その上、風が強く、縄は、直ちに切断され、錨は、海中に沈んだのである。一度二度、このような状況であり、船は、風の吹くままに流され、主イエズスの御励ましにより、第三の錨を投げ入れたから良かったもののの、もし、錨を投げ入れてなければ、そのまま全てが終わっていたであろう。第三の錨の縄は、有りふれた麻の縄ではなく、細い木の根を編んだもので、マラッカで作られ極めて強靭であった。錨は、沢山の祈りをもって投げ入れられ、本当に、この錨に全ての希望は、繋がっていたのであった。祈りは、主イエズスの御心に叶い、今度は、縄も丈夫で難破の恐れから免れることが出来たのである。その後、間もなく主イエズスは、順風の恵みを下さり、天気も良く、船は、コチンに向かって進み、遂に、コチンの港に到着し、人々の喜びは、言葉に表せないほどであった。

さて、メスキータ神父の旅についても、少し御話することがあります。メスキータ神父は、病のために、同じ病の日本人の仲間と共にペスカリアに残ったが、病が快方に向かうや否や、ヴァリニャーノ神父と四少年の選択した陸路を取り、また、同様に、インド人の担ぐベッドに乗り、その道を進んだのである。その間の辛苦は、少なくはなかったと言うが、本当に、その通りであっただろう。その中でも、二つの出来事が語られる。

第一に陸で、第二に海で起こったことである。陸での出来事は、ある日の夜遅く、ある地に着いた所が、そこは、一番疑わしいモリ族が住む所であった。だからと言って、これから夜も深くなり、先には、進まない方が良いと判断し、そこに留まることになった。色々と骨を折ったものの宿を貸そうというモリ族はおらず、やむを得ず屋外の大樹の下で寝ることとし、やっとの事で一人のモリ族を説き伏せ、自分と仲間のために、兎《と》にも角《かく》にも食事を得ることが出来た。しかし、モリの人々は、このような場所で夜を過ごすことを喜ばず、また、メスキータ神父は、疑わしいと直感も働き、より先に進むことを決断した。ベッドを担ぐインド人は、この決断に同意せず、様々な理由を言い、皆を思い止どませようとしたが、皆は、インド人の言う全ての事を信じず、また、その時は、インド人たちがベッドを担ぎたくないだけと思い、インド人たちの言うことを顧みなかった。だから、また旅を続け、間もなく恐ろしい密林の中にさしかかった。ここは、日中でも物凄い所で、ましてや、人に聞けば、物取追剝（盗賊）は言うまでもなく、旅人の命をも取る強盗どもの巣であると言うので、皆、心中では危惧していた。場所が場所だけに、空は、もはや暗く、メスキータ神父も仲間も不吉な妄想に悩まされていたところに、忽然と二人のモリ族が現れた。一人は、手に長剣と弧刀を持ち、もう一人は、大きな槍をひっさげていたのである。やはり、曲者が出たと思っていると、遠くに居たモリ族が、こちらの人影を認めるや否や恐ろしい叫び声をあげ、メスキータ神父は、今度こそ、最期の時がきたと覚悟し、ひたすら主イエズスの御庇護を祈ると、主イエズスの神聖で寛大な御心によって、二人のモリ族は、何の危害を加えず消え失せたのである。人の命を何とも思わない残酷なモリ族から遁《のが》れることが出来たのは、ひとえに、主イエズスの格別の御恵みによるものと、深く心に刻み、この出来事を忘れる者は居なかった。

また、第二の危難が人々を悩ました。とても小さな舟に乗って岸を離れると、直ぐに、予期しなかった恐ろしい大波が湧き上がり、凄じく暴れ狂ったのである。この現象は、この辺りで、この季節に有りがちなことであり、溺死する人もいた。兎も角、波を越えて行くために、頭から足まで水をかぶり、皆は、疲れ果て衰弱していた。しかし、主イエズスの御慈悲によって様々な危難をも免れ、遂に、コチンに到着した。コチンでは、ヴァリニャーノ神父や四少年が、メスキータ神父に何事かあったのではないかと心配していたので、メスキータ神父たちの到着を見て、この上もなく打ち喜んだ。

さて、その後は、全て都合良く運んだ。船も、ちょうど出帆の手筈《てはず》になっていたが、まだ、コチンに滞留しなければならなかった。それは、時期も冬の季節に入り、この地の五月初めに当たり、九月までは、港が砂石で埋まって封鎖され船の出入港が不可能になり、航海が出来ないからである。よって、コチンにて丸8ヶ月間を暮らさねばならなかった。四少年は、その間にラテン語、楽器、聖歌の稽古を続けた。これは、ひとつに、清いレクリエーションによって気晴らしするためであり、ひとつには、日本においてラテン音楽は、極めて貴ばれるからであった。

やがて春が来て海が開け、再び主イエズスの御庇護と御恩寵により、人々は、航海を続け20日後には、ゴアに到着した。

第四章『ポルトガル国に至るまでの航海』

天正遣欧使節の巡路

長崎⟷リスボン

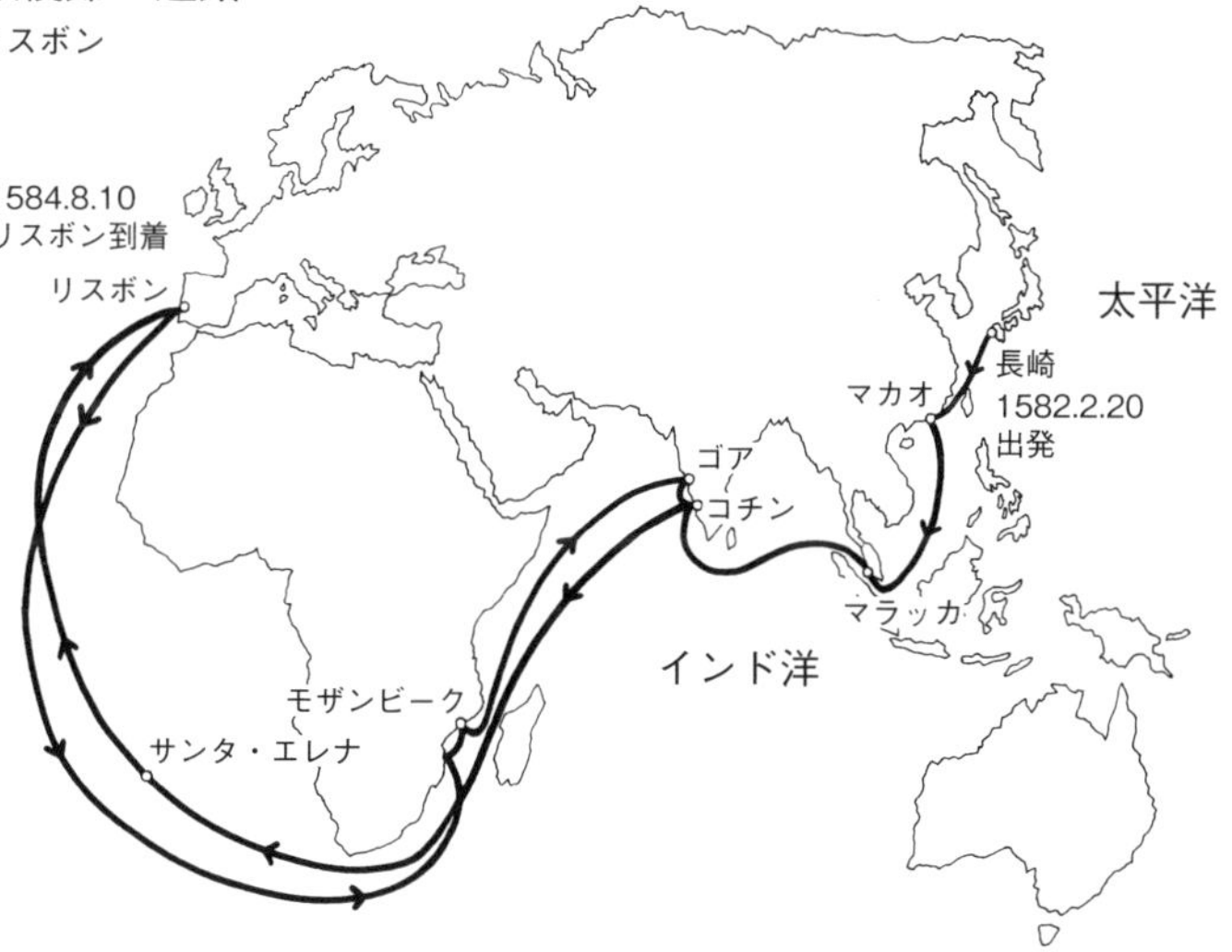

ゴアに到着した四少年は、今までの習わしに従い、イエズス会の修道院に宿泊した。街を挙げて様々な歓迎の儀式が尽くされ、嬉しく抱擁され、取り分け、ドン・フランチェスコ・マスカレニャ副王（Don Francesco Mascaregna）は尋常でない喜びようで、その証拠に諸々の心を込めた催しを開き、その上、聖遺物の入った箱の付いた純金の鎖を四少年各々の首に懸けて下さった。また、四少年がポルトガルに赴くにあたり、最良の船を下さり、その船の船室は、２０００スクーディー（４０００万～６０００万円）ほどの費用をかけ、思う存分に設《しつら》わせたのである。ゴアに滞留していた1ヶ月間（１５８４年一月中旬～二月中旬）に、急に、イエズス会の総長から書翰が届き、ヴァリニャーノ神父に管区の巡察が済んだ後は、管区長としてインドに留まることを命じられ、ヴァリニャーノ神父は、当初の計画通り四少年と共に出発するはずであったが、予定を変更し、ヌニオ・ロドリゲス（Nugno Rodriguez）と言う神父を自身の代理とし、教儀上の問題の会議のために、ローマに赴かせることにした。このように計画を定め、既に、出航の時期が近づき、乗船するために再びコチンに赴いた。なぜならば、ヨーロッパからインドに来る船は、以前から、副王と、その屋敷がある首都のゴアに入港し、香辛料を積み込むために、いつもコチンに回航するからである。コチンには、大商人の店が軒を並べ、あらゆる品物の取引が行われており、また、コチンからポルトガルに航海するための最良の風向きだからである。１５８４年一月、四少年は、コチンに到着した。既に、副王の命令によって、五艘の大船の準備が整えられてあった。中でも取り分け、サン・ジャコモ号（San Giacomo）と言う船には、船長のために用いられる出窓の付いた二つの大室が四少年用として提供されたのである。

１５８４年二月二十日、四少年を乗せたサン・ジャコモ号は、他の四艘の大船より遅れてコチンより出帆した。なぜ、遅れて出帆するかと言うと、テルツエレ諸島までの航海には、暴風や海賊の危険があり、常に船は、別々に航海する習わしなのである。このサン・ジャコモ号は、極めて丈夫な良船であり、長期間の暴風を凌いでリスボンに到着することは、疑いようもないと思われた。予想通り、サン・ジャコモ号も他の４艘の船も、その後、問題なく航海を遂げたのである。

我が主イエズスは、この船に最初から良い日和の恵みを御与え下さり、１５８４年三月九日には、無事に赤道も通過した（この海域で海賊や暴風に出会わず無事に航海することは、極めて稀なことであった）。しかし、その航海中に、ただ一度ではあったが浸水の危険に陥った。浸水が激しく船道具を使っても容易に防ぐことが出来なかった。人々は、勇敢に立ち働いたが、浸水は、益々張り広がり溢れるように満ち入る水の響きを聞くばかりで、積荷が余りにも多かったので隙間を閉ざすことさえ出来なかった。そのような状況下で、まさか、より大きなダメージがあるのではないかと恐れていたが、人々は、漸《ようや》く祈ることに気づき、ひたすら主イエズスに祈りを捧げた結果、幸いにも、やっとのことで破損箇所を修復することが出来たのである。赤道を過ぎると、数日の間は、良い風が吹いたが、それもやがて途絶えて、凪の15日間が続いたのである。その期間は、非常に厳しい炎天下で、じっと一ヶ所にとどまることが出来ないほどであり、それにも増して憂慮する事は、こうしている間に喜望峰を廻る好季を失うことであった（喜望峰を廻るための季節風を失うこと）。だから、常のように、風向きが変わっても、年内にポルトガルに到着することは不可能になり、おそらく、この冬は、モザンビークに逗留するしかないと思われた。なぜなら、人々が恐れることは、風は、定《きま》った時期しか吹かないので、その風が早くも絶えるようなことがあれば、この大海に船を進めることが出来ない上に、風は、必ず逆風になるので、旅は、不可能になるからである。もうすでに、機を失ったのではないかと思われている矢先に、なんと、四少年の船に主イエズスは、格別の御慈悲を御与え下され、少々遅れはしたがジェネラアレ

（Generale）と称されるほどの非常に強い追い風が漸く吹いて、船の進みを助け、僅かばかりの日の内に、今まで失った日数を全て取り返すことが出来、皆は、主イエズスの御慈悲を心より感謝した。同様に、主イエズスの慈悲と御摂理は、その後も聖ロレンツォ（San Lorenzo）と呼ばれる浅瀬でも現れた。

聖ロレンツォは、名立たる難所で、船長は、その技を尽くした。この船長は、2～3年前にも、他の船で聖ロレンツォを航行した結果、難破の憂き目を体験しており、このたびは、同じ災禍に陥らないように、夜中の航行を避け、明るい日中に、この難所を抜けるために、必要以上に数ミリア船を後へ返し、1584年四月十日、聖ロレンツォを抜け、やがてナタアレ（Natale）と呼ばれる船乗りからも極めて恐れられている難所を通過した。その海域は、常に波が荒く、風も強く、四少年の船も一度は、この暴風に遭い帆を全て外さなければならないほどであった。しかし、サン・ジャコモ号は、極めて頑丈であり、どんな危険にも堪えることの出来る船であったおかげで、リスボンに至るまでの途上において、このように帆を外すことは、この一度しかなかったのである。船は、既に、喜望峰にせまり、この上もなく皆の心は、喜びに満ちていたが思いもしない西の逆風が吹き、その勢いは、極めて猛々しく、どんな船でもモザンビークの方へ吹き返されるほどであった。

この風が、一度興ると容易に収まらないのが常なので、一行は、憂慮したことであろう。しかし、この苦難は、唯の一日で終わり（この不思議で神秘的な現象は、我らの理解を越えていた）、後には、良い日和となり、五月十日（この年のこの月は、主イエズスの御昇天の祝日であった）には、その影さえ見ることが出来ないほど遠い所で、喜望峰に至るべき順路（航路）に就くことが出来たのである。これは全て、主イエズスの広大な御慈悲によるものであった。

海を旅する者は、この喜望峰を廻る日に必ず御祝いをし、一番に『喜望峰が見えた』と報せた船員に祝儀を贈るのが習わしであった。なぜなら、これから先、リスボンまでの航海は安全で、さほどの危険が無いことを知っていたからである。この喜びは、幸先の良い順風と共に一層増し、この日は、160ミリア（約296㎞）を航海し、その後、数日で、サンタ・エレナという小島に着いた。この小島は、唯ひとつ大海原のど真中に座しており、まるで主イエズスの神聖な御摂理により、海を旅する人々の助けと回復のために、ここに置かれているようであった。なぜならば、この小島の周囲は、僅か8ミリア（約12・8㎞）に過ぎなかったが、蒼々とした草原が広がり、いちじく・ざくろ・みかん・れもん、各種の役立つ果樹が有り、また、冷たく清らかに澄んだ飲み水が湧き出ているからである。このサンタ・エレナ島を、このように最良の地にしたのは、ポルトガル国の一兵卒である。1512年、このポルトガルの兵卒は、インドから帰国する途中、ある罪の咎のために、唯一人、サンタ・エレナ島に流罪された。だから、この島に寄る船は、この者に山羊、鶏、その他の家畜や色々な野菜の種子を与えたのである。この島の土地が肥沃だったおかげで、しばらくの間に増殖し、見るもの全てが、それらの物のみと言うほどになったのである。それ故、ポルトガル国王の勅令で、人がサンタ・エレナ島に住むことを許さず、但し、年に一度、この島に寄港する船は、必要な物資を取っても良いと定められた。

ポルトガル国王が定住を許可しない理由は、

①必要な物資を得ることが出来る。
②レクリエーションと休息を得ることが出来る。
③容易に狩りが出来る。
④魚介が豊富である。
⑤その魚介が全て大きく、美味しく、たった一本の鉤で容易に得ることが出来る。

⑥今後の航海の供給基地として必要なだけ取ることが出来る。この島に立ち寄る人々のためのルールであった。

インドからポルトガルに向かう船が、毎回この航路に導かれるのは、次の事情による。

①サンタ・エレナ島に寄港することの出来ない船は、そのために物資の補給や休息の無いまま航海を続ける結果、その帰着までに多数の人命を失う。

②インドから来る船は、この島で互いに友船を待ち、相伴ってリスボンに向かうのである。なぜなら、テルソエレの辺りに、常に、海賊が待ち構えており、掠奪の機会を窺っているからである。

さて、四少年のサン・ジャコモ号が、サンタ・エレナ島に到着したので、人々の喜びは、尋常ではなかった。この喜びは、本当に、一度でも自ら数ヶ月の航海をした者でなければ感じられないことである。しかしながら、この喜びを心より満足することは出来なかった。それは、サンタ・エレナ島で合流するはずであった、他の四船を見つけることが出来ないからである。この島に居る一人の隠者に聴くと、その四船は、この島に来て数日の間待っていたが、丸2日前に、既に、出帆したとのことであった。人々の心に、今後の航海に危険が起こるのではないかと恐怖が湧いたが、サン・ジャコモ号は、この島に11日間滞在し、四少年は、その間、この島にある礼拝堂で毎日ミサを立て、その他の時間は、レクリエーションと休息に費やしたのである。主に自らの手で魚を取ることであり、いつも幸運で、皆が大いに驚くほどであった。これは、ひとえに主イエズスが、長期間の海の旅の心労に悩む人々に、必要な慰めと労わりを御与え下さったのである。

航海の間にも、これにも劣らぬ楽しみがあった。それは、無数の魚の群が出来る限りの速さで、サン・ジャコモ号にいつも付きまとって来るのである。魚が、互いに相競う様《さま》を見るのは、この上もない気晴らしであった。翼の有る小魚（トビウオ）は、水中の大魚に追われ水上に出て飛翔すると、トビウオを狙う鳥が舞い下り捕えついばむのである。トビウオは、飛びつかれて水中に下ると、今度は、大魚の口中に陥らざるを得なかった。しかし、トビウオを食すことは容易であり、漁をする要因ともなった。ただ釣針の先を白い布で包むだけで、トビウオどもは、その色に騙され、競って襲い、捕えることができた。よって、四少年は、航海の間、常に新鮮な魚に事欠かず、自ら獲たものであれば、その味は、尚更、美味しく思われたのである。また、色々な鳥も鉤で獲ることが出来、それればかりか、手で鳥を捕らえることさえ出来た。なぜなら、長い間飛びつかれ、また、人間を見たことがなく恐れを知らないので、往々にして人の肩や頭に止まり、翼を休めたからである。

さて、航海の話に戻ろう、サン・ジャコモ号は、サンタ・エレナ島を離れ、ヂウネア（Giunea）と呼ばれる路線を越えた所で思案した。このまま進めば海賊のいるテルツエレ（Terzere）の路線へ行くことを避けられない、よって、トラモンタナ（Tramontana 冷たい北風）と呼ばれる海域の方へ43度ほど進んだ。この海域は、骨を刺すような極寒で、多くの者が重病となり、33人があえない最期を遂げたが、主イエズスの御恩寵は、四少年の上にあり、皆は、常に変らず健やかであった。主イエズスが下された四少年への御恩寵は、サン・ジャコモ号にも、格別の御加護を御与え下されたように見えた。なぜなら、舵手の話によれば『私は、数年間、航海をしてきたが、このたびほど安全に順調に航海したことがない』と言うことからも分かる。但し、主イエズスが御手により助けて下さらなかったら、万事、上手くいかなかったことは、疑いようもない。例を挙げれば、一人の近侍が何かの用で船中のある場所に行き、そこに火を落としたのを気づかず立ち去り、やがて、火は、激しく燃え上がり、もう少し消火が遅れていたなら恐らく打つ手がなく、船は、失われていたであろう。船では、元来、難破よりも火事を一層恐れるのである。神聖の御摂理が、他の一人の者を何かの用で同じ場所に行かせ、火事を見て大いに驚き消火したのである。皆は、篤く信心を傾け、主イエズスの御恩寵に感謝し祈りを捧げたのである。しかし、大きな不幸が無いわけではなかった。一人の若者が海に落ち、大声で助けを求めても、何人も助けようがなかった。なぜなら、その時、船は、全ての帆を掛けて進んでいたためである。この不幸な若者は、皆の目の前で水中へと沈んで行った。この船で起きた唯一度の不幸である。しかしながら、このような不幸は、広大無辺な安全など無い蒼海の長い航海中に生じる不幸に較べたら、物の数にもならないことであろう。海には、いつも危険が待ち構えており、長い月日の航海の間に、少しの油断や様々なミスから想定外の問題が起きるのである。その例を述べれば、同年に、ポルトガルに赴くある一船は、大風と戦い、風が止んだ後でも、荒れ狂う逆巻く大波は、いっこうに収まらず、巨波が船楼《せんしょう》を打ち破り、瞬く間にさらった。この時、運悪く船長は、甥と共に船楼に居り、再び姿を見せることはなかったと言うことである。船中の主だった人々は、巨波の来襲の直前に主イエズスの御慈悲により、その船楼から立ち去っていたのである。もし、主イエズスの御慈悲がなければ、時刻も夜のことであったため、多くの人命が失われていたことは、疑いようもなかった。

主イエズスの神聖な真心により、艱難辛苦を打ち凌ぎ、1584年八月十日、サン・ジャコモ号は、リスボンのカスカイス港に到着したのである。他の4艘の船も少し前に到着し、その中の1艘は、サン・ジャコモ号より2ヶ月前にコチンを出帆していたのである。この事実は、主イエズスの神聖な真心を、サン・ジャコモ号に御与え下されたことを現しているのである。

第五章
『リスボン入市の状況、並びに、ポルトガル国滞在について』

エヴォラ大聖堂、十字架の祭壇

なんと、リスボンに到着したのは、コチンを出発してから6ヶ月に10日を引いた日々（170日間）であった。この期間は航海に費され、上陸したのは、サンタ・ヘレナ島で過ごした僅かな日々だけであった。それ故、どんなに四少年が喜んだかは、容易に想像できるであろう、ましてや、過酷な旅の後に、初めて安全なリスボンの港に着き休息の場所に達したのである。河を遡って、眼のあたりにリスボンの都を瞻望《せんぼう》した時、四少年の歓喜が絶頂であったことは、誰にでも想像できるであろう。今まで一度も見たことのないほど、美しく、大きく、煌びやかなリスボンの都の景色に見とれ『あぁぁ、これほど、素晴らしいものは無い』と驚くばかりであったことは、真にその通りであろう。

錨を下ろすと間もなく、イエズス会の神父たちが出迎へに来られ、神父たちと四少年は、喜びのあまり抱きしめ合った。そして、なるべく人々に気着かれないようにイエズス会の修道院に案内された。なぜなら、当初は、歩兵や騎乗兵等の兵隊を遣し、華々しく四少年を迎える計画を立てていたが、悩み貫いた末、四少年は、疲労の極みに達しているため、騒がしいもてなしより、むしろ、四少年を休息させた方が良いと判断した結果であった。よって、夜に乗じて船を降り、少しも騒ぐことなくイエズス会の修道院であった聖ロッコ教会に赴いた。皆の歓喜は、否が応でも増し再び抱きしめ合うほどで、イエズス会の神父たちは、既に、前もって四少年の到着を報されていたので、とても美しく設らえた宿舎が準備されていた。四少年は、イエズス会神父たちの真心の籠った親切さと労わりに心より感謝した。

リスボンの滞在は、20日余りであったが、その間、皆は、旅の疲れを癒し、また、多くの公卿貴人を訪問し、リスボン郊外のシントラ宮殿やベレム修道院などの重要な名所を見物した。また、ポルトガルの総督アルヴェルト・アウストリア台下（Cardinale Alberto d' AUSTRIA）に謁見し、台下も大いに心を傾けて四少年をもてなされた。そして、台下は、四少年と日本国のキリシタンのために寛容な支援協力を約束して下されたのである。四少年からも台下に銀の細工を施した犀角の盃を贈呈し、台下は大いに喜び受け取られた。

九月五日には、エヴォラの大司教ドン・テオトニオ・ディ・ブラガンザ台下（Teotonio di Braganza）によって遣わされた儀装車に乗ってリスボンを出発した。台下は、四少年到着の報せを受けるや否や、エヴォラに歓迎するために、御名代をエヴォラから半日程の所まで遣わし、己の名をもって挨拶させ出迎えさせた。また、執事に台下自身の馬車を率いさせ、四少年を出迎えさせ、四少年を台下の馬車に乗せてエヴォラに入市させた。ドン・テオトニオ・ディ・ブラガンザ大司教台下は、四少年を己の屋敷に宿泊させようとしたが、四少年は、これまでの習慣に従い、真っ直ぐイエズス会の修道院に向かった。よって、大司教台下は、四少年の宿舎に向かって会われて手厚い御言葉をかけ、様々な労わりを施された。四少年は、定められた期日までにマドリードに赴くために、旅路を急いでいたが、大司教台下や人々の真心の籠った滞在要望に絆《ほだ》され、７日程、エヴォラに逗留した。この期間は、四少年に美しい制服を着た侍従が付き添って世話し、銀食器の食事など盛餐を極めて四少年を労わられた。

さて、十字架の日（イル・ジョルノ・デッラ・クロチェ IlGiorno Della Croce）と云う日は、エヴォラ大聖堂の極めて貴い祭日である。大司教台下は、この儀式を四少年に見せることを計画された。十字架の日の当日は、エヴォラ大聖堂に、途切れることなく紳士淑女が参詣し、流石に大聖堂内外にも人々が入れぬほどであり、この許多《あまた》の人々は、四少年が居ることを知って大変感激し、中には、涙する者さえ居り、ある者は、大声で百千の祝辞を与《さず》けた。取り分け、宗教裁判所の法官は、その演説の中で四少年の到着など、この偉業を賞讃し祝辞を極め主イエズスの恩寵に感謝した。

ミサ終了後、大司教台下は、親しく四少年を昼食に招待した。その際、四少年を慰めたのは、唯々《ただただ》、良い食事と音楽だけではなく、大司教台下は、いつものように自身の家風に従い、別の部屋に食卓を設《しつら》え、12人の貧者に食事を与え、様々な恵みを施された後、主イエズスの御教えを授ける姿を見せた（音楽は頭を豊かに、食事は体を健康に、慈悲は心を謙虚にする、三位一体を表現したものであり、12人の貧者の食卓は、最後の晩餐を再現したものと考える）。昼食が終わると大司教台下は、自身の礼拝堂に赴き、四少年に数々の聖遺物や書像、その他の信心を促す品々を御見せになられた。それらの物は、数もさることながら、どれも美しく、高価な物ばかりであった。大司教台下は、四少年に気に入った物があれば、何でも日本に持ち帰るようにと言われ、四少年は、貴重な品々を頂き、丁重に御礼を申し上げ、大司教台下の屋敷をあとにした。

翌日、九月十五日、四少年は、エヴォラを出発し、ブラガンザ大公（Duca di Braganza）の領地であるヴィラ・ヴィコーザに赴いた。ヴィラ・ヴィコーザでブラガンザ大公と母君であるドンナ・カテリーナ（Donna Caterina）殿より受けた歓待は、言葉に出来ないほどであったのである。大公の母君ドンナ・カテリーナ殿は、スペイン国王フェリペ2世陛下のいとこに当たる高貴な君であった。まず、12㎞程離れた所まで大公の馬車が遣わされ、屋敷の騎士長と騎馬兵の強者が一諸に出迎えた。四少年が、ヴィラ・ヴィコーザに到着すると、ブラガンザ大公は、三人の兄弟と共に、とある修道院で四少年を待ち受けられ修道院の入口まで足を運び四少年を出迎え、その修道院で共にミサを与《さず》かり、その後、大公の宮殿に向かった。四少年の宿泊する部屋は、タペストリーや様々な高価な器具で飾り設われており、2日間の滞在の間、大公の家族は、片時も四少年を放さないほどのもてなしぶりで、食事の時も、その他の時も、常に、四少年と一諸に居られた。大公は、四少年を楽しませるために、野猪の狩りを行い見物させ、また、大公自身と御兄弟や他の貴族の方々と共に、イル・ジョコ・デッレ・カンネ（IlGioco Delle Canne ポロのように馬上で行う球技と考察する）競技を馬上にて演じて見せられた。また、ドンナ・カテリーナ殿も、四少年の来訪を真に望外に喜ばれ、四少年に対し母親の慈愛をもって歓待された。

ドンナ・カテリーナ殿は、二度も三度も四少年を招かれ、屋敷であろうが、どこであろうが、全てを思うがままに使わされ、そして、四少年に日本の着物を求め、金糸で縫った布を用い急いで同じ形の着物を作らせ、その着物を第二子のドン・ドュアルテ（Don Duarte）に着せ、前もって手に入れていた日本の短刀を差させ、使いの者を四少年の許に遣し『もし、差しつかえなければ屋敷においで下さい、来て下されれば、もう一人の日本人に会わせましょう』と口上させた。四少年は、本当に、日本人が居ると少しも疑わず屋敷に赴いたが、そこに現れたのは、なんと、日本の装束に身を包み揚々と得意気になっているドン・ドュアルテの姿であった。その姿を見た四少年は、大いに驚き喜んだと言うことである。このように四少年は、喜びと驚きと共に、ヴィラ・ヴィコーザの地に滞在したのである。なぜならば、第一に、人々の慈愛と親切を受けたこと、第二に、壮麗・偉大、取り分け噂に聞いた以上の礼拝堂の美しさ、居室の設え等々の極めて豪華な装飾、第三に、厨房の器や地下室の金具に至るまで悉く純銀で製造されているのを識ったからである。

さて、四少年が別辞を述べ出発するに当たり、人々は、滞在の間に示した優るとも劣らないもてなしを尽くして下さった。ブラガンザ大公は、四少年に、ローマから帰る折には、再び立ち寄る事を懇望され、また、道中で必要な資金のほとんどを支出して下さり、大公は、四少年を己の馬車に乗せ、自らも馬車に乗り、数ミリアほどわざわざ御見送りして下されたのである。四少年は、大公の御一族、諸々の貴人に対し、心よりの深い感謝の念を胸に抱きマドリードに向け出発した。なぜならば、ローマの地でカトリックの王に拝謁し、持参した書翰を捧げ、使命の趣旨を奉上し果たすためであった。

第六章①
『スペイン国の旅について』

スペイン国王フェリペ二世像

スペインに入国し、四少年が、先ず、見た物は、マドンナ・ディ・グワダルーペ教会（Madonna di Guadalupe）であった。ここで神父たちから丁重なもてなしを受け、貴い教会で行われる様々な勤行の様子を見せて頂いた。その後、この教会を出発し、タラベラを通過し、翌日、トレドに到着する際、貴人の子弟が、いち早く騎馬で出迎え、四少年を歓待し先導して下さった。四少年到着の時刻が、こんなにも遅くならなかったら、もっと多くの出迎えが有るはずであった。翌日には、四少年に会いたい多くの貴人やイエズス会の学校の学生が来て、その応対は、極めて慎み深く厳かに行われた。品のある短詩や短い問答が述べられた。その日、四少年は、馬車にて都のあちこちを観光し、取り分け、大聖堂を見て、その華麗さ、その装飾に驚いた。三日目は、ドン・ミゲル・千々石が急な重い熱病に侵された。生死を彷徨う容態で、やがて水疱も発症したが主イエズスの御恵みによって次第に病状は、治癒していった。しかし、再び旅に出るためには、まだ、ミゲルの療養のために長く時が必要だったので無理矢理にでも安静にすることを厳しく注意された。ミゲルの病気も癒え、十月末になって、四少年は、やっとマドリードに向け出発した。

四少年が、マドリードの都に到着すると、伯爵を始め、主立った貴人が四少年を出迎え、予め用意してあった四輛の儀装車に四少年を各々乗車させ、多くの人々が伴い極めて華々しいマドリード歓迎の様子であった。だが、その喜びは、やがて悲しみに変わった。なぜなら、ドン・マルチノ・原の体調が道中から悪く、マドリードに到着するや否や、間もなく、重い熱病に侵されたからである。しかし、手厚い介抱には、事欠かなかった。四少年の宿泊先の修道院の神父たち、医師たち、その中には、超一流の名医もおり、また、スペイン国王フェリペ二世陛下の主治医も居た。それらの看護により、そして、主イエズスの格別の御加護によって、病は、20日間で全癒したのである。

このようにして、マドリードに長期の滞在をしたことが、また、大きな幸運を得る機会となったのである。それは、スペイン国皇太子への貴族の宣誓儀式（スペイン国で最も荘厳な儀式）に、参観することになったのである。その儀式は、四少年が参観することにより、何世紀もの間見られなかった荘厳な儀式となったのである。しかし、この時は、まだ、スペイン国王フェリペ二世陛下に拝謁していなかったので、公に、参列する訳には、いかなかった。よって、陛下は、全体を良く見上げることが出来、周囲から絶対に見られない座席を設わさせ、四少年は、陛下の側近の騎士ドン・クリストフォロ・デ・モーラ殿（Don Cristoforo de Mora）に伴われて、晴れの儀式を参観したのである。この儀式は、十一月十二日のことであった。

陛下は、十一月十四日に、四少年を引見すると定めて下さり、当日は、四少年を迎えるために、陛下の4輛の馬車を遣わせて下さいました。

謁見の際、四少年は、日本の装束を着て参内した。このことは、今後の物語の中で、何度も出てくる話なので、着物について、今ここで詳しく説明致します。

①着物の素材は、絹である。その絹糸は細く、品のあるタッフェタ（taffeta 薄衣の織物）とタビ（tabi 波状の模様の絹織物）のような物である。

②生地は白であるが、様々な色彩で鳥、花、葉の模様が織り込んであり、極めて精巧美麗である。

③この日本の装束を、ヨーロッパの国々のくすんだ単色の衣と較べると厳粛さに欠けている。このような衣を、2枚、あるいは、3枚重ねて着ている。

④裾丈は、地面まで届き、前が開いている。

⑤袖は広く、肘に達し、あるいは、それよりも少し長い程度であり、腕の一部は素肌を露出している。

⑥四少年は、姿や所作が拝謁の礼儀に相応しくなるように、インドで作らせた肌着を着た。その上に、更に、同じ色の絹糸で作らせた船乗りのように長く垂れ下がるカルツォーニ（calzoni 袴）に似た物を腰に着るのである。

⑦四少年の着ている日本の装束は、特別な外出の折でなければ着ることがない物である。

⑧また、ヨーロッパの人々が着るカッパ（cappa マント）と同じよう、同様の絹の素材であり、しかし、更に、精巧な装飾を施した生地の短いマントを肩にかけるのである。おそらく、裃《かみしも》のことであろう。このカッパは、幅が2パルミ（palmi／掌）、長さが3パルミあり、司祭が着るアミット（amitto ストールのような物）と言う布に似ている。どちらも、唯々、飾るだけの物である。そのカッパのようなものは、両端から前の方に2ディータ（dita／指）ほどの細い帯が出ているが、これを胸の所で交差させ腰の所で裏返し、先述したアミットをしっかりと締めることで、帯の役割も果たすのである。

⑨頭には、日本の人々は、何も被らない。但し、外を歩く折には、雨と陽射しを防ぐために傘を用いるのである。しかし、四少年は、我々ヨーロッパの風俗に順応するために、インド風の帽子（cappelletti カペレッティ烏帽子のような物）を被っていた。

⑩また、靴下は履かず、唯、清潔性を重要視し素肌の上に、とても薄く柔らかい布を履き、その上に1パルミもない足袋（スティバレッティ stivaletti）を履いたまま寝るのである。この足袋は、あたかもヨーロッパの手袋のような物であり、足の指を入れる所が二つに分かれている。一つの部分は、親指、もう一つの部分は、四本の指を入れるように二つに分かれている。

⑪この足袋の下に靴（スカルペ scarpe）と言うよりは、むしろ、靴底（スウォオレ suole）と言うべき物を履

いている。おそらく、わらじ、もしくは、雪駄。それには、靴の上部（トマラ tomara）が無く、唯、半周型の皮が着いており、それに足の指をはめるのである。

⑫さて、最後に、大小の刀である。これは、日本國において、武士の徴として弘く用いられ、14歳になった男子であれば、刀を差さない者は居ない。刀は、極めて精巧な鋼鉄で作られ、どんなに堅く丈夫な鎧でも簡単に断ち切ることが出来た。刀の鞘こそ、貴人の間において、華やかさが競われ極められていた。即ち、様々な光彩を放ち、真珠貝の小片と黒色の漆で装飾され、各々が互を際立たせ、あたかも、波斑のある天然石と見間違うほどの物であった。

このような姿で、このたび、四少年は、日本の装束でスペイン国王フェリペ二世陛下が遣わしてくれた馬車に乗り込み、人々に見られぬように馬車の扉を閉めたが、しかし、四少年のことは、いち早く知れ渡っており、多くの人々が宮殿前に競って集まり、四少年が馬車から降りようとしても降りられず、降りても歩を進めることが叶わぬほどの状況であった。その際、陛下の側近の一人、警護隊、王宮の護衛兵が力を合わせて、やっとのことで道を開かせた。四少年は、陛下の数人の側近に先導され、12の部屋を通り、その中には、陛下の寝室や食堂もあった。一番奥の間には、マントを着け刀を持つ兵士が守る陛下と皇太子、及び、王子が共に居り、代官が謁見を賜る際の儀礼で四少年を待っていた。四少年は、スペイン国王フェリペ二世陛下の御前に進み出て、恭しく慎んで三国主（大友宗麟公、有馬晴信候、大村純忠侯）の書翰を捧げ奉った。この親書は、日本語とカスティリア語（Castigliano スペイン国全土の別名）で記されてあった。その上、ドン・マンショ・伊東の口上にて、使命の目的を奉上した。内容は、左記の通りである。『四少年は、日本國のキリシタン大名の代理として、スペイン国王フェリペ二世陛下に接吻し、陛下に、日本キリシタンのために尽力して頂いた御恵への感謝と今後も末永く陛下の恩寵を賜りたい』旨を願い出たのである。
マンショがスペイン国王フェリペ二世陛下に口上した内容は、左記の通りです。
①三大名の代理として、陛下の御手に接吻すること。
②陛下がキリシタンの中で最も偉大な存在であると伝えること。
③陛下が日本のキリシタンのために、多大な援助と御恵をして下さったことへの感謝。
④末永く陛下の恩寵を賜りたい旨の請願。また、謁見の最後に、四少年が日本國より大切に持ってきた精巧な細工の品々を陛下に献上した。陛下は、献上品の各々の説明を聴かれ、また、大いに喜んで贈り物を受け取られた。四少年が、陛下の御手に接吻を賜ろうと近づこうとすると、陛下は、御手を賜るどころか、四少年一人一人を、大きな愛とその腕で抱きしめられたのである。同様に、皇太子、及び、王子たちにも陛下は、四少年を抱擁させて下さった。四少年が、わざわざスペイン国を訪問してくれたこと、また、四少年の国主が、陛下に寄せた真心に対し、最高の敬意を払い丁重な御言葉を賜った。その後、日本國について色々な質問をされた。その間、皇太子と王子たちは、共に、四少年の傍らに1時間余りも立ったままで、この上もない真心と敬意を払って下さり、その場に列席した多くの面々、取り分け、ドン・クリストフォロ殿を驚かせた。『陛下のこのような恩寵は、未だかつて無いことだ』と、後々の語り草になった。
スペイン国王フェリペ二世陛下は、謁見の終わりに『宮廷の礼拝堂の夕べの祈りに参加したいか』と四少年に問われ、四少年は『是非に』と応え、礼拝堂へ案内させた。礼拝堂に着くと、既に、唱う者や、その他の役割の人々の用意は、整っており、夕べの祈りは、二組の合唱団の奏でる数々の音楽によって始まり、言葉で表せぬほどの素晴らしさは、これに優るものは無いほどのものであった。四少年は、スペイン貴族の人々が、は

っきりと見えるように、祭壇のすぐ側に座らされた。夕べの祈りと寝前の祈りは、夜遅く迄続いたので、予定していたスケジュールを大幅に時が過ぎ、王妃の宮殿では、王妃が首を長くして、四少年を、今か今かと待って居られたのに、その日の内に王妃に拝謁することは叶わなかった。四少年は、全て祈りが終わった後、直に宿舎に戻った。その教会では、神父たちが蠟燭を手に持ち、多くの貴人たちと四少年を待っていた。四少年を待っていた神父たちの中に、二人の司教がいらっしゃった。一人は、プラセンチアの司教、もう一人は、サラマンカの司教である。

翌日、四少年たちは、王妃の宮殿に参上することになった。王妃の宮殿の訪問のために、2輛の馬車が王妃の宮殿より遣わされ、四少年が、その馬車に乗り終わった時に、更に、陛下が遣わした儀装車が届いた。陛下が、四少年のために真心を尽くして準備下さったことを知り、四少年は、陛下が遣わして下さった馬車に乗り移ったのである。王妃の宮殿で、王妃より、四少年が下賜された御慈愛は、心より四少年を慈しみ、真に、王妃の御人徳と王妃に相応しく美しい作法に則り、慈愛と歓喜をもって四少年を抱擁され、また、信心深い物語をして下さったのである。

四少年は、陛下の馬車で、エスコリアルの名高い修道院（宮殿　モナステリオ）の見学に赴いた。陛下は、その修道院にわざわざ側近を遣わし、四少年を接待することは言うに及ばず、十分に満足させること、更に、そこの修道院長に勅命を出し、四少年を、心ゆくまで歓待し、四少年が出発する際、決して不満の無いように命じられたのである。こうして四少年は、この上もない厚遇を受け、その夜は、その修道院に一泊し、翌朝は、先ず、ミサを与《さず》かり、その後、修道院内を観て回った。①聖遺物であり②豊富な聖小部屋、③書庫に行ったのである。その書庫には、各国の言語によって書き綴られた大量の書籍が、どれもこれも美しく装幀され収納されていた。その書庫を出発し、修道院の建物を見物した。この修道院は、四つのエリアで構成されており、各々に庭園が備えてあり、第五のエリアは、スペイン国王フェリペ二世陛下が所有するものであった。各エリアとも、多くの部屋を備え六階建てであり、その建築は、極めて荘麗であり、また、更に、その外構と美しく装飾された彫刻・描画・精巧な大理石柱、その他の数えきれぬほどの様々な高価な品々によって飾られていた。翌日、四少年は、御聖体拝領を与《さず》かり、修道院長の心尽くしの朝食を賜り、マドリードに帰った。

ローマ出発の日も迫りつつあったが、四少年は、国王の多くの側近たちの訪問を受けた。その中でも、カトリックに信心深いフランス国王の使者は、フランス国王の御名において、スペイン・フランスの国内において四少年に出来る限りの援助を約束され、また、ローマよりの帰途の際、フランス国を通過することがあれば、フランス国王は、四少年を引見する旨を告げたのであった。

マドリード滞在中も、また、価値のある物事を見て回った。例えば、宮殿の武器庫、厩舎（cavallerizza 女性の馬上競技）、宝物庫などであった。これらの場所は、スペイン国王フェリペ二世陛下の御命令により、一つ一つ詳細に見物を許可されたのであった。

楽しい日々は、あっという間に過ぎ、いよいよ、四少年は、マドリードを出発する時が来た。陛下は、カルタジェナとアリカアンテの兵船隊の司令官に『四少年の渡海にあらゆる便宜を図り、また、その旅費の全てを支出するように』と勅書を送って下さった。同様の勅書は、ムルシアの総督、及び、ローマ駐在のスペイン国大使であるオリワレス伯爵（Conte di Olivarer）にも送って下さった。取り分け、オリワレス伯爵には、極めて丁寧な勅書を送って下さり、次のように指示された。

①四少年を最大の敬意をもって待遇すること。
②他の貴族の家々にも四少年を歓待させること。
③逐一、四少年の様子を報告すること。
④スペイン国内において、四少年の意のままに行動を許すこと。
⑤四少年の全ての費用を支出すること。以上を命じられた。

マドリード出発当日は、四少年が宿泊するイエズス会の修道院にとって素晴らしい日であった。その日は、サンタ・カテリーナの日であった。陛下は、四少年の出発に当たり、トレドの枢機卿と宮殿の高官を随行させた。このことは、四少年にとって、この上もない栄誉であった。

十一月二十六日、四少年は、マドリードを出発し、ひたすらに、アルカラに向かい、夜にアルカラに到着した。四少年がイエズス会の修道院に到着した時には、既に、多くの人で溢れており、やむを得ず、門扉を閉ざして人波を防ぎ、数人の貴人や役人だけの入館が許された。このように、四少年を訪問する人々は、遅く迄続き、その中には、アルカラ大学の学長や多くの教授たちの姿もあった。

翌日、四少年にヨーロッパの学問の模範を示すため、教会に四少年を招き神学の論議問答を開催された。講堂内は、入りきれぬほどの人で溢れ、その中にモンデシャル公爵（Marchese di Mondexiar）の子息ドン・イニコオ殿（Don Inigo）がおられ、主に論議された。アルカラ大学の方でも、マエストロ・デ・フィロゾフィア（Maestro di Filosofia）の官位授与式が行われ、四少年が招待された。大学長は、教授一同と古き神学の学士と共に臨席され、四少年を扉の所まで出迎えて下さった。このような出迎えは、王侯や教皇使者を出迎える時にしかしない丁重なものであった。大学長は、四少年に歓喜の表情で挨拶され、極めて丁重な歓迎の意を伝えられた後、四少年を自ら先導され、図書庫、教会、聖遺物などを見せるために案内して下さった。真に、聖遺物の観覧は、年に唯の一度しか許されないことであった。オルガンや素晴らしい音楽の演奏で儀式が開催される大講堂に、大学長は、四少年を先導された。大講堂では、司教や貴族公候が座る貴賓の席が四少年に用意された。学位を授与する担当の大法官は、いつもの題目と異なり、極めて厳粛な魂の祈りを捧げ、四少年について、特に、四少年の慎み深く謙虚な態度を称賛し、尚且つ、篤い信仰心に多くの賛辞を述べ、その心の籠った演説に居並ぶものは、皆、その胸の内に同じ想いが湧き上がり、その賛辞に、この上もなく満足し、唯々、大法官の演説に喝采が止まず、皆は、口々に称賛し才能学識で名高いアルカラ大学の学士たちも感極まり声を上げて泣いたのである。最後に、学士たちに学位を授与する際、四少年に各一対の手袋を銀の皿の上に載せ捧呈させた。このような際は、王侯も同じように献上品を受けることが慣習であり、四少年も受け取るように勧められたのであった。

次の日は、殉教者ジェストオト・パストオレの教会に参詣した。そこの祈りの集団は、優れた人々によって組織されていた。修道会の人々は、皆、四少年を門まで出迎え、儀式的に大聖壇まで導いた。

十二月二日、四少年がベルモントに到着すると、今迄の歓迎に劣らない歓待を受けた。ドンナ・フランチェスカ・デ・レオンの君と呼ばれる高貴な方が自分の馬車と高貴な側近を伴わせ6ミリア（約9・6㎞）迄遣わされた。ベルモントの長官は、騎馬を率い丁重に四少年を出迎えた。少し遅れて、修道院長や修道会会員を始め、ベルモントの人々は、騎馬や徒歩で四少年の後に続いた。四少年がベルモントに到着すると、礼砲が放たれ、工夫された様々の美しい花火も打ち上げられた。この祝典の間を縫って、イエズス会の修道院まで行くと、既に、絨毯が敷かれており、絵画や華麗なベッドが備えてある客室が準備されていた。

ベルモントには、二日間滞在し、一日目は、朝食の後、大聖堂に参詣した。教会の神父たちは、皆、祭服を着て四少年を山門まで出迎え、四少年の為に新作したスペイン語の賛美歌をオルガンに合わせて合唱し、四少年を、この上もなく喜ばせた。

その夜の1時に、四少年は、街の舞台演劇に招待され、そこでは、人々が極めて軽妙に四少年がローマに向かう赴きを組み込んだ脚本を演じて四少年の心を慰めた。四少年は、ベルモントを出発し、ムルシアに赴いた。ムルシアでは、四少年の到着の知らせを聞くや否や、大勢の貴人が四少年を出迎え、その後には、司教座聖堂参事会員のメンバーや貴族の方々の姿があり、皆、１００頭ほどの馬に乗り、多くの人々が徒歩で随行した。

さて、四少年がムルシアに到着すると、祝いの鐘が高く鳴り渡り、到る処でラッパの響きと合わさりハーモニーを奏でた。ムルシアの人々は、高窓の上や街道の辺に満ち溢れ、四少年を一目見ようと屋根の上にまで登って行列を待ち望んでいた。四少年は、ムルシアに到着すると、真っ直ぐに、イエズス会の修道院に赴いたところで、修道院の演奏者は、素晴しい音楽を奏でて四少年を出迎えようとしたが、四少年は、群衆に遮られて修道院に入ることも出来なかったが、警備の人々の苦労によって、やっと、入ることが叶ったのであった。

2日間滞在後、この修道院の所有する荘園がムルシアより1レガ（lega／５５７２ｍ）ほど離れた所にあった。四少年は、そこに赴き、聖誕祭の前夜まで数日間を過ごした。四少年は、旅に出て初めて、わずかな休息を得たので、日本国で自分達の消息を首を長くして待ちわびている人々に、これ迄の旅の詳細を知らせる手紙を書いたのである。また、ヘロデ王の児童虐殺（初の殉教者）の日には、ムルシアの高貴な人々に案内され、騎馬で大教会に参詣した。ここでも四少年への歓待は、丁重を極め、四少年は、聖歌を唱う場所の一番良い席を勧められ、挽歌を聞かせ与《さず》かったのである。その日は、まだ、他の教会や修道院を訪問し、各所の修道士たちも、また、この上もない歓喜と真心をもって四少年を歓待したのであった。

ムルシアを出発して、オリグエラに向かうと、オリグエラより半レガ（約２７８６ｍ）ほどの所で人の出迎えに遭った。人々は、ずっと、そこで四少年を待ち、そこには、大きな焚火がたかれ、オリグエラに近いことを感じさせた。更に、その後から旗を立て制服を着た多くの人々が良馬に乗って来られ、それに続いて多くの貴人、最後に、オリグエラの人々が群衆となり子供まで引き連れて出迎えてくれたのである。四少年がオリグエラの城郭の傍らを過ぎると、多くの火砲が挨拶の礼砲を鳴らした。四少年に用意された宿舎は、ドミニコ会の修道院であった。部屋は広く、オリグエラは、特別に予算を出し、この部屋を清潔に華麗に装飾した。夜になると多くの市民が集まり、四少年の宿舎の窓の前で愉快な球の演技を見せてくれた。スペインでは、馬上で演ずるものである。二組に分かれて、逃げる組と追う組があり、どちらかの組に入って参加するのである。この演技は、爛々と燃える炬火の下で行われ、この上もなく四少年を喜ばせた。四少年は、演技を見て、その俊敏で礼儀を重んじる動作の中に、市民の美しい心を感じ『このオリグエラの人々こそ、世界で最も情け深い人々』と見えたのである。

エルチェも、また、大きな街であった。エルチェに到着した時は、既に、夜中の1時であったにも拘らず、炬火の光の中にエルチェの総督、法官、役人が四少年を出迎えた。騎馬25騎、徒歩は３００人余であった。エルチェに到着すると、礼砲が放たれ、その夜は、様々な丁重な歓待があり、翌日、出発の際には、エルチェの総督が多くの貴人を引き連れ、四少年を半レガ（約２７８６ｍ）見送って下さった。

やっと四少年は、スペイン国最後の街『海の都と知られる、アリカンテ』に辿り着いたのである。多くの出迎えを受け、歓喜する人々や天に響き渡るあまたの礼砲の中、四少年は、アリカンテに到着し、総督の館の客となった。その館は、スペイン国王フェリペ二世陛下の監察によって心ゆくまで四少年のために準備されていた。

一月七日、主の公現の日には、街の重要人物が集まり、四少年を大聖堂に先導し、教会内には、大きな天蓋が飾られ、座布団を置いた四つの席が用意されていた。イタリアへ渡るため、船の準備を待つ8日の間、アリカンテに滞在し、船には、国王陛下の命によって、素晴らしい船室が四少年の為に準備されており、その装飾は、極めて華麗で、羊や鶏、ビスケットなどの菓子類も沢山準備されていた。さて、船は、アリカンテを出帆したが、二度も逆風に遭い港に引き返す羽目になったのであった。三度目は、別の嵐に遭い、前にも後ろにも進めず、アリカンテにも戻れず、やむを得ず、回り道をしてマジョリカ島に向かい、アルクディア港に辿り着いた。アルクディアでは、四少年の寄港が知れ渡り、一群の兵士たちが旗を立て5部隊を整え、騎馬や徒歩で急いで船に駆けつけて来られ、丁重に四少年を労った。

日曜日、ドメニカ主の日には、アルクディアでは、ミサを与《さず》かった。アルクディアは、四少年を出航の日まで街を上げて極めて丁重にもてなした。四少年は、悪天候のため、4日間もアルクディアに足止めされ、その間、多くの訪問者、御茶会を楽しんで日々を過ごした。この4日間は、アルクディア港より25ミリア（約46㎞）ほど離れた、この島の主要な街に滞在したのである。

さぁ〳〵いよいよ、良い天候に恵まれて、マジョルカ島に別れを告げ、今回は、リヴォルノに航路を取り、追い風を受けながら渡海した。この旅の間のことこそ、主イエズスが四少年の上に御与え下された御摂理を、その後、海上において知ることとなった。なぜならば、先述したように、四少年が4日間の嵐に遭い渡海を妨げられたお陰で、アルジェリア王から免れた。また、四少年がリヴォルノに到着した頃、同じ海で、トルコの複数の戦艦が強力に武装した大船まで略奪したのである。当時、このトルコの戦艦は、海上に現れては、略奪の限りを尽くしていたのである。

第六章②

『イタリア国到着、並びに、フィレンツェ国通過について』

イタリア最初の地リヴォルノ

マジョリカ島を去り、四少年は、いよいよイタリアの地に到着したのである。この地こそ、長い間、心より求めてきた地であったので、リヴォルノに上陸した時、皆の歓喜の声は、言葉で表せぬほどであった。リヴォルノは、トスカーナ大公の領地である。時は、1585年三月一日のことである。リヴォルノの総督は、四少年の到着の知らせを聞くや否や、直に、戦艦遣わし、四少年をその館に迎え、また、同時に、トスカーナ大公の許へ使者を立て報らせた。トスカーナ大公は、長い間、四少年の到着を待ちわびており、直ぐさま総督に使者を返し、『名誉の限りを尽して四少年を大切にし待つように』と命令を出した。それと共に、一人のイギリス人の紳士に1輛の馬車、2輛の儀装車を率いて四少年の許へ赴かせた。トスカーナ大公の名に於いて四少年を出迎え、尚且つ、ピサ（Pisa）に大公が滞在していたので、ピサの都に四少年を招待させたのである。四少年は、この招待を受け入れ、渡海の疲れを癒すために、その日は、リヴォルノに留まり、その間に海上から1ミリア（約1・8㎞）ばかり離れた所にある燈台や城郭を見物した。四少年が、その城郭に到着すると、なんと、そこにある全ての大砲が放たれた。真に、驚くほどの大量の大砲だった。

翌日（1585年三月二日）、大公が遣わして下された馬車や儀装車に分乗してピサに向かい、遙々、遠路より訪れた四少年を、多くの貴人が出迎えピサの都に入った。ピサ到着は、夜の7時頃であった。四少年に宿舎として一つの館が用意され、大公の舎人や侍童が四少年のために待機していた。ドン・ピエトロ・メディチ殿（トスカーナ大公の末弟、大公とは、13歳差）が四少年を訪れ食事を用意して下さった。四少年は、大聖堂と多くの善美な聖遺物を見たいと請願し、四少年は、教会に到着すると、心より謹んで聖遺物に礼拝接吻して、見物する多くの人々に信心の素晴らしい模範を示した。

さて、その日の夕方となり、大公に謁見する最も相応しい時刻となった。謁見に際し、日本の装束で赴くことが最も大公を喜ばすと考え、四少年が各自で謁見の用意を整えているところに、大公は、四少年を迎えるために3輛の儀装車とドイツ護衛兵、及び、多くの貴人を遣わされた。四少年は、それらの人々に伴われ、多くの炬火の光に照らされて急ぎ館に参内した。大公は、二人の弟に門前で出迎えさせ、また、自らも階段の中頃まで降りて来られ、そこで、四少年を父のように抱きしめ、この上ない真心を示されたばかりか、取り分け『遠路、遙々、この国に来た日本のキリシタンの四少年を、この国の誰よりも先に己の館に迎えることが叶った名誉は、ひとえに主イエズスの御恵みによるもの』と何度も何度も繰り返し仰せられた。大公のお言葉に、ドン・マンショ・伊東は、通訳を介して応え『訪日したイエズス会の神父様たちによって、遥か遠くの日本国にまで聞こえる大公の勇敢な人格と、その広大な領土に、今日、親しく上陸することが叶い、最初に御会い出来たことは、この身にとって、この上もない主イエズスの御恵みです』と申し上げた。このようにして、お互いに丁重な挨拶を交わした後、大公は、マンショの手を取り、二人が先頭に立ち、大公妃の御居間に案内された。各部屋の扉を通過する際、先ず、マンショを先に通し礼節を尽くされた。大公妃の御居間に入ると、大公妃は、四少年に接吻を賜うた（初めて高貴な女性に接吻された四少年の驚きと赤面する顔が目に浮かびます。著者感想）。暫しの間、敬愛に満ちた言葉を交わし、また、日本国の風土や通過した国々の風習、民族について問答された。

四少年が大公に別れを告げると、大公は、自ら、四少年を館の門まで御送り下さった。その後、大公は、四少年に人を遣わし、四旬節の第一日迄、その館に滞在してくれるように請願された。四少年は、ローマへ急ぐ身であったが、大公の御好意を無下にも出来ず大公の願いに応じることとした。その間、謝肉祭の日（カーニバルの語源）には、四少年を伴って、大公は、鳥の狩りに赴き、また、四少年のために典雅な遊びを開催して下さった。

灰の日（断食祭の第一水曜日）の朝に、四少年を、殉教したパパ・サン・ステファノの聖堂に案内した。その聖堂の祭壇の右側に大公がおり、左側には、四少年のために壮麗な席が設らわれ、四少年は、再び大公に謁見し美しい儀式を陪観した。この儀式は、騎士たちが司祭より灰を拝受する。この日は、白色の長袍を身に着けた大公に忠誠を誓うものであった。式典閉会後、この聖堂の貴き聖遺物や宗門の金銀の祭具や大聖堂の見物に赴いた。どれもこれも素晴らしく、その富、権威、取り分け、その仁慈は、真に、大公という称号に背かぬものであった。

さて、トスカーナ大公に別れを告げ、多くの人々に見送られフィレンツェに向け出発した。2ミリア（約3・2㎞）ばかり進んだ所に、軍隊長率いる一隊と馬に乗った多くの貴人が四少年を出迎えた。フィレンツェに到着すると、スイス軍隊長と兵士に出迎えられ警備され街に入った。イエズス会の修道院に到着して馬車を降りると、そこには、多くの人々が集まっており、教皇使者も来られて四少年を訪問した。四少年は、イエズス会の修道院に宿泊することを希望したが、トスカーナ大公の執事が承知せず、四少年を馬車に乗せ大公の宮殿に案内され、そこに宿泊した。

大公の歓待は、言葉に表せないほどであるが、フィレンツェの貴人や高位の神父も、皆、四少年を訪ねて来られた。その中でも、取り分け、大司教台下は、一人の司教を遣わして四少年の無事を祝した。その返礼のために、四少年が大司教台下の許に行くと、大司教台下は、自ら十字架を手に取り階段の所まで出迎えに来られ、四旬節の時期なので紫の衣を着るべきであるが、深紅色の礼装を着て、四少年が、この地に訪問した祝いとする極めて慎み深い真心を示された。大司教台下は、四少年に数々の贈り物をされ、別れの際には、四少年を館の門まで見送り下さり、尚それでは、まだ足りないと思われ、後日、親しく四少年の宿舎を訪問された。

四少年がフィレンツェに滞在したのは、5日間であった。その間、素晴らしい宮殿、庭園、多くの教会の聖遺物を見物した。外出の時には、常に、多くの宮人、及び、30人の長槍を持った護衛兵が警護として随行した。この兵士たちは、四少年の宿舎や旅路の護衛に任じられた者たちであった。フィレンツェを出発する際には、トスカーナ大公は、一人の役人を四少年に随行させ、自身の領地内においての全ての費用を支出して下さり、また、到るところで四少年を厚遇して下さった。

三月十四日、四少年は、シエナに到着した。シエナ到着の際には、シエナの多くの貴人や武官、取り分け、シエナの大司教が居り、シエナの門より半ミリア（約0・8㎞）ほど離れた所に着くと、極めて壮重に出迎えられたのである。四少年は、馬から降ろされ、大司教自身の馬車に乗せられ、真直ぐに、シエナの総督の館に赴いた。四少年は、今まで通り、イエズス会の修道院に宿泊することを希望したが、トスカーナ大公の執事の懇願を断ることが出来ず、シエナの総督の館に宿泊することになった。

翌日、本教会に案内され音楽の奏でられる内、大司教に出迎えられ、その後、聖遺物を拝見し、いつものように信心を示して人々の模範となった。二日目には、イエズス会のミサに与《さず》かり、食事の饗応を受けた後、いよいよローマへの門出についたのである。

第七章
『ローマへの旅、並びに、歓迎の状況について』

ローマ、聖ペトロ大聖堂にあるグレゴリオ十三世の墓

ローマ教皇パパ・グレゴリオ十三世聖下は、既に、報告を受け、四少年の到着を待ちわびていた。四少年を引見したい想いは、とても大きく、真に、遠い国の新しいカトリック共同体に特別の興味を持っておられた。四少年を、歓待待遇をするにあたり、関係各位に対し一切のミスが無いように指示された。

さて、四少年がローマに近づくにつれ、四少年の宿泊先や称号のことなどを定める必要があり、詳しい事情を知るために、四少年が日本国の主君よりもたらした書翰、並びに、命令書の写しを見る必要があった。そのことについては、関係各位の枢機卿たちも同じ意見であり、パパは、枢機卿たちと会議をし四少年を待遇するにあたり、予定通り、私事の引見ではなく、コンシストーロ（concistoro ローマ教皇の教会会議）として、帝王の間において謁見の儀式を執り行うことにした。よって、四少年をコンシストーロの儀礼によって特別謁見することは、唯単に、パパと謁見したと言うだけではなく、キリシタンの名誉にとどまらず貴き御聖座の大いなる栄光である。また、謁見の儀式が極めて慎み深く執り行われれば、その噂は、自然に弘がり、頑なな異教の間にも、驚きと共に弘がり戒めになると考えたからである。

直ちに、ヴィテルボの副特使チェルソウ台下（Monsignor Celso）は、四少年がローマ教会の領地に入ったら、四少年に美しい随行を付け出費を惜しまず、何なりと四少年の必要に応じる旨の命令を下された。このようなパパの勅命もあり、また、副特使チェルソウ台下は、御自身の四少年を大切に思う真心を込めて、四少年に対し、諸事万端、一切のミスの無い歓待をした。四少年の歓待のために遣わされた人々の他に、信仰のための人々や遠き国より来た四少年見たさに集まった人々が、四少年を出迎え、その人々の数は、数千にも達したほどであった。このようにして、ヴィテルボ、また、カプラオラでも、ファルネエゼ枢機卿の館に迎えられ、その館には、四少年を丁重に歓待する準備が整えられていた。

四少年は、ローマに少しでも早く到着しなければならなかったが、四少年のために、このように尽くして下さる御自愛のある真心に惹かれ、そして、四少年の一人ドン・ジュリアン・中浦が風土の違いから重い熱病に侵され、その看病に時が必要であったのである。よって、バァナーニアは、ガンバラ枢機卿の領地なので四少年は、その地に向かった。ローマ教皇パパ・グレゴリオ十三世聖下は、この世に残る命数が僅かである事を身体で感じ、または、主イエズスの尊さによって勅命を出され、四少年のローマ入りを急がせた。四少年をパパは、大切なカトリックの徴として丁重に迎えるために、2日も前から軽騎の強者2人に多くの人々を付けて四少年を出迎えさせ、四少年は、その人々と共に一刻も早くローマへ急いだ。

時は、1585年三月二十二日、四少年は、予定通りの時刻に、とても長い巡礼の旅を終えて、心の内に、この上もない喜悦を満たしつつ、ローマに到着したのであった。その長い歳月と過ぎ去りし日々の旅路の遠さを振り返り、日本國を出発してから3年と1か月と2日、四少年は、極めて喜び、主イエズスの格別の御摂理に心より感謝を奉った。この四少年の感動は、『なるほど、なるほど、その通りであろう』と理解できる。それほどの艱難辛苦であった。『マラッカ～ゴアの岸辺より、ローマに至る距離は、2万1000ミリア（約3万8892㎞）もあり、考えるだけでも恐ろしいことである。真に、この全地球を真っ直ぐに一周しても、1万8000ミリア（約3万3336㎞）あり、四少年の旅路に比べたら、それほどの距離ではない。海路の風向きに従い、様々な障害に妨げられ、このような長距離の困難な旅になったのであろう。その上、良い時期、風や潮を待つために旅の日数は重なり、広大な海陸の境を進むとなれば数々の障害や困難も避けられなかったであろう。長い間の無風の日々、金を溶かすような炎熱の日差し、様々な疫病にも遭い、また、食事もままならず、次々に起こる様々な危険、乾熱、暗礁の災い、取り分け、計り知れない海上の障害には、来る日も来る日も、一方ならぬ苦労を費やし、難破することや死の危険を感じることも多かったであろう。だからこそ、四少年は、このような艱難辛苦の後に、長い間、憧れ慕ってきたローマを、今、己の眼で目の当たりにした喜びは、それは、それは、言葉に出来ないほど』であった。四少年を、安全に、人目に立たないように、ローマに入る際は、歩を緩め夜になってから到着する予定にしていたのである。しかし、四少年を案内した軽騎の兵士たちは、ラッパを吹き鳴らして、ローマの門前に送り届けるまでは、四少年から離れようとしなかったので、予定通りに計画を進めることが出来なかった。その他の人々も、四少年を見ようと都の門まで出迎えるために待っており、時と共に人々が集まって、遂には、目を覆うばかりの大群衆となったのである。

四少年は、大群衆の中、真っ直ぐにイエズス会本部に向かった。本部の門には、イエズス会総長とイエズス会本部の神父や他の神父たちと共に待って下さり、松明の光の下、丁重に四少年を出迎え、この上もない尊敬をもって四少年をもてなした。何よりも先に、旅の疲れを癒すようにと勧められた。なぜならば、莫大な費用を費やして、やっとの思いでローマに到着したにも拘らず、ローマを短期間で観なければならなかったからである。

四少年の後には、極めて多くの群衆が付き従って来たので、イエズス会の教会の前に着くと、教会の門は、閉められ、四少年のために美しい演奏にあわせて『テ・デウム・ラウダムス』が唱われた。そこで四少年は、中央に置かれた四つの敷物の上に跪いて、この上もない喜びの表情であった。しかし、ドン・ジュリアン・中浦は、重い病に侵されていたが、どんなに座るように勧められても、それを断り、他の少年たちと同様に跪きとおした。

その夜、この教会の内では、涙を誘う決して柔和な様子とは、言えぬほどの歓喜や踊躍の出来事を目撃した人々は、神秘的な喜びに打たれていた。『気高く抜きん出た日本國の四少年に、まさか、主イエズスの栄光が届き、カトリック共同体の初穂となり、貴き主イエズスの血によって地獄の狼の魔の手から逃れ、主イエズスの御慈悲に護られ何度も危難を乗り越えた四少年を目の当たりにし、日本國がカトリック共同体と一体となったと思ったからである』（当時、16世紀、カトリックより離れた人々によってドイツにてルーテル教会が発足したことに対し、イエズス会創立メンバーの聖フランシスコ・ザビエル神父の尽力により、極東の遠い日本國からキリシタンとなった四少年が来訪した慶事を、立ち会った人々の喜悦を、原作者グィード・グワルティエリが表現した文章と考える。著者感想）

四少年は、祈りを終えた後に、イエズス会総長自ら、他の神父たちと共に、四少年を各々の居室に案内され、既に、そこは、諸事万端の準備がされてあった。奥の広間に向けて、次々と多くの居室があったのである。その居室は、金の革が張られ、ベッドは絹で作られ、その頭上には、天蓋が名誉の証として設《しつら》えてあった。そこでイエズス会の神父たちは、この上もない慈愛の言葉で四少年に歓迎の意を述べ、その心は、満足した喜びを言葉や他のどんな色形をもっても充分に伝えることが、表現出来ないほどの感動の様子であった。ドン・マンショ・伊東も『イエズス会の神父たちと同様に、多くの心ある人々に会い、また、全ての人々より歓待され、この上もない喜びで御座います』と述べた。

既に、パパの勅命があり、公式特別謁見（教会会議の儀礼）は、次の日、四少年を私的に馬車でポポロの門外にあるパパ・ジュリオ（Papa Giulio）の山荘に招待した。ポポロの門には、各国の大公、枢機卿、各国の大使は、四少年のローマ到着が荘厳になるように催そうと集まっていたのである。その時、四少年が主イエズスの代理に寄せる恭順と帰依の信心は、ジュリアンの様子を通して正しく現れた。先述したように、ジュリアンは、その時、病に侵されており高熱の苦しい日々を過ごしていた。神父たちが呼び寄せ診察させた医師は、『外出どころか、ベッドを離れることも叶わない』と言うほどの重体であった。しかし、ジュリアンは、医師の安静の忠告も聞かず、また、人々の切なる願いにも耳を貸さず、『自分も三人の同志と共に、ただ一目、パパに拝謁したならば、直ぐに病は治る』と言い、その決心は、何人も覆す術が無いほどであった。ポポロの門まで来ると、流石に、ジュリアンの体力が弱まり、長い間、馬上に留まることに耐えられなかった。それゆえ、アントニオ・ピントオ殿は、ジュリアンを屋根の付いた己の馬車に乗せ、パパの御足に接吻するために伴った。（中浦ジュリアンのみ個人的に誰よりも先に、パパに謁見したのである。）

パパは、普段では見せぬほどの慈愛に満ちた真心をもって、ジュリアンを待遇された。パパは足を止め、『教会会議を見よ』と言われ、ただ、ジュリアンは、極めて疲れているように見え、『早く宿舎に帰り、養生すること』をご下命された。しかし、ジュリアンの悲しみを不憫と思われたパパは、『また別の日に謁見する』とジュリアンに約束して下さった。
　さて、他の三少年は、先に述べた山荘に居り、全ての騎兵隊は整列し、枢機卿の一族が続々と集まって来るのを待ち、各々の主君の名代として丁重に礼を尽くした。また、パパからは、侍従長のイモラの司教がパパの御名代として、『ローマ教皇パパ・グレゴリオ十三世聖下は、四少年の到着を聴き、極めて満足され、その徴《しるし》として四少年を迎えるために内裏の人々を遣わす御下命を告げられた』と手短に公の歓迎の祝辞を述べられた。

　いよいよ、パレード出発の刻限となり、全て予定通りに進められた。先ず、パパの騎兵隊とスイス護衛兵が先頭を進み、その後に、諸々の枢機卿やローマ駐在の諸国の使者の一族が続き、その後、多くのタンバリンやトランペットの楽隊が続いた。その後、パパの舎人が、皆、紅の衣を着て、内裏の側近たちが続き、その後に、三少年が日本国の装束を着て太刀を脇に差し、金で飾られたヴィロードによって装う善馬に跨り続いた。一人一人の少年に多くの馬夫が随行した。先頭は、ドン・マンショ・伊東。その両側には、大司教が付き添った。次に、ドン・ミゲル・千々石。そして、ドン・マルチノ・原であった。ミゲルとマルチノの二人には、一人ずつ2人の司教がその両側を進んだ。その後には、多くの貴族が騎馬で続いたのである。一言で言えば、全て、ローマ貴族のフィオレ（花）とも言える絢爛豪華な様相であった。街道も、窓も、家々の門前も、また広場も三少年の行列の通過する所は、上下の貴賤を問わない人々で満ち溢れる有様であり、全ローマの都を挙げての素晴らしい歓喜であった。このような素晴らしい光景を見ることが出来、主イエズスに感謝をする声が至る所で聴かれたのである。

サント・アンジェロ（Sant Angelo）の教会付近に達すると、多くの祝砲が次々と轟き渡った。ここより、スイス護衛兵が先頭を進み、尚も祝砲が打ち鳴らされ、内裏の砲兵も行列に随行した。その間、パパは、枢機卿と共に帝王の間で四少年の到着を待って下さった。多くの選ばれた名誉ある人々や貴賤を問わない多くの人々の中を、三少年が通過することは、一筋縄ではいかず、そのために備えられていた役人たちの尽力により、やっとのことで道を開き、三少年を予定の場所に導くことが出来た。三少年は、儀式の礼砲をもって指定された席に迎えられると、群衆は、一斉に日本國使者の三少年を仰ぎ観て、未だ嘗て感じたことの無い情感が、その時に立ち会った人々の心の内に走った。それは、珍しいものを初めて見る驚きと、主イエズスの御名、並びに、ローマ教会への恭順の誠が、遥か遠き極東の日本國へまで弘まったことを知る喜びとが、一つになったと感じたからであった。

見たことの無い日本國使者三少年の装束、その気高く優雅な姿勢、また、三少年の年頃が同年配のことなど、三少年を、より美しく見せ、幼少にも拘らず、主イエズスの御名代であるローマ教皇への信心をもって、『この程度の艱難辛苦など』と、打ち凌いで、遥々、ローマまで来られた。今日、素晴らしい勇気を持つ三少年を、目の当たりに注意深く見たローマの人々は、皆、深い信心が湧き上がり、多くの人々が目に涙し、パパも、そこに居並ぶ枢機卿も、同様の思いであった。今、三少年は、手に各々の国主（大友宗麟公、有馬晴信候、大村純忠候）の書翰を持ち、多くの人々の中央を通ってローマ教皇の御前に進み、恭順と謙遜の誠をもって足吻の儀を行い、ローマ教皇グレゴリオ十三世聖下も、また、身を屈めて三少年一人一人の頬を二度ずつ抱きしめ慈しみ下さった。

『あのようなパパの恩寵は、未だ嘗て見たことが無い』と、皆、口を揃えて言った。

この第一の儀式の後、先ず、ドン・マンショ・伊東、次に、ドン・ミゲル・千々石が通訳を介して、日本國使者としての目的を手短に言上し、且つ、その国主、並びに、己の名をもって、主イエズスの最高の御名代であり貴き教会の牧人の長であるパパに誠実な恭順を捧げ奉った。これに対して、パパは、このような場に相応《ふさわ》しく極めて厳かにして重みのある主イエズスを深く慕う御言葉をもって御答え下さった。そこで、三少年は、三大名の書翰を捧呈した。その後、三少年は、式部官により、帝王の間に入室した時と同様に、枢機卿の席より後方の少し高く設けられた席に導かれた。

内裏の執事が脱帽して立ち、イタリア語に通訳し、三少年の書翰を声高らかに読み上げた。その場に列席した人々は、皆、歓喜恍惚の表情を浮かべ書翰を聴きすました。今、ここには、唯、その書翰の末節のあらましと書簡に対する答辞のみを抜粋して記しておく。

『①三大名は、初めに、イエズス会神父たちの尽力により、真の信心に導かれたことを主イエズスに感謝した。②三大名は、年老い、戦時中のために自ら訪問しローマ教皇に足吻の儀を与《さず》かることが叶わず、衷心より悔い詫びた。③しかし、ローマ教皇が世界の師父であり牧人と信じ、子としての帰依を表すために四少年を遣わした旨を述べ、④より詳しい事情は、四少年、及び、イエズス会の巡察師父の口より言上して頂きたい』と記されてあった。この書翰は、1582年一月に記されたものであった。書翰が読まれ終えると、イエズス会の一人の神父がラテン語の演説を捧げ、その書翰の麗しい主旨、その姿勢に、大いに列席する人々を満足させたのである。書翰の内容は、日本國使者の四少年を送った三大名の身分の説明、また、主イエズスの新しいブドウ園の最初の果実を受けるローマ教会、取り分け、ローマ教皇の御慶びは、如何許《いかばか》りかと演説するものであった。

その後、パパは、日本國の人々を改宗させた尽力に対し感謝の御言葉を述べて下さったのである。演説が終わり、パパより短い答辞が下された。それは、『四少年を己の子とする』旨の内容であった。三少年は、再び、パパの御前に進み出て足吻を受けたのである。

パパは、御居間に帰る際、三少年を己の後ろに従わせ御法衣の裾を引かせたのである。このようなことは、極めて名誉であり、真に、皇帝の大使の特権と同等のことであった。

三少年は、その日、シスト枢機卿（後のローマ教皇シスト五世聖下）に招待され、内裏において晩餐の饗応を受け、グワスタヴィリャー枢機卿、及び、ジャコボ・ブオンコンパニョ殿も同席して下さった。この三人は、三少年の立ち居振る舞い、真に、会話の慎み深さ、食事の行儀の正しさ、且つ、謙遜な人間性に感じ入ったのであった。その上、パパも少年たちと親しく語ることを望まれ、三少年を招き、口では述べ難い柔和な姿と慈愛を御示し下された。航海のこと、その日数、日本の国土、日本の改宗、寺院のことなど、色々と御尋ねになられ、パパは、その答えを聴いて、この上もなく御喜びになられた。

斯くして、パパは、この大いなる恩寵と人々を、この地に御導き下された主イエズスの御恵みと、主イエズスに感謝するために『サンピエトロ大聖堂（San Pietro）に赴くべし』と仰せられ、三少年も随行して、サンピエトロ大聖堂へ行き、聖ペトロの墓の上で祈り奉り、その上、グレゴリアナのチャペル（Capella Gregorina）を見物し、その後、宿舎に帰りやっと休息したのであった。

次の日は、月曜日（1585年三月二十五日）は、サンタ・マリア御告の祝日である。パパは、風習（世界中の通例儀式）に従って、内裏の諸官、並びに、枢機卿と伴いミネルヴァに行かなければならなかった。その時、三少年は、騎馬にて随行することを命令され、街頭にても、教会においても、最も名誉ある場所が与えられ、パパの傍に置いて下さったのである。

三少年は、その日も、まだ、日本の装束を着ていたが『日本の装束は、余りにも、これは、我々ヨーロッパの風俗とは、甚だ相違しており、今後は、日本の装束を着ること』をやめたのであった。

少し後、三少年を、皇帝フランス王、ヴェネチアの執政、並びに、スペイン国王フェリペ二世陛下の使者たちが訪れた。その中でも、スペイン国王フェリペ二世陛下の使者は、予てより陛下の特別な勅命を受けていたので、常に、四少年を大切にしており、ローマに滞在の間は、諸事万端の催しを欠かさなかった。また、ローマの議官は、参事、法官、他の多くの役人を従え、極めて厳かで重厚な行列をなし三少年を訪れた。多くの祝辞を尽くし、四少年が恙なく長旅を成し遂げたことを祝い、また、このような計画を立案し、実行した信心のほどを称えた。マンショは、この祝辞に応えて、通訳を介し答辞を述べた。人々は、マンショの、その賢明さと成熟した姿に、ほとほと感じ入って立ち帰った。

三少年も、また、枢機卿一人一人を訪問し、その返礼に枢機卿達も三少年の宿舎を訪ねて来たのであったが、それはやがて、ローマ教皇パパ・グレゴリオ十三世聖下の遷化によって、中断した。おおよそ、この幾日かの間、ローマ全体は、歓喜に満ち溢れ、人々は、日本國から来た四少年の噂しかせず、多くの人々は、四少年を一目見ようと宿舎に、街頭に集まり、驚嘆し、敬慕し、褒め称えた。

特に、ローマ教皇パパ・グレゴリオ十三世聖下の与えて下さった慈愛は、一段と心を打たれるものであった。

①少年たちの日々の出資の支払い。

②また、少年隊がローマに到着すると間もなく、イタリア風の礼装3着を作らせ、各々に贈って下さった。その衣服の一着は、短衣、長包であり、どれも黒のヴィロードで作られ、金の縁をつけたものであった。また、黒色のダマスコの生地で、金の縁で飾られた服と同じ飾りを施した普段着を下賜された。

③また、ローマ教皇の御名において近侍の人々を遣わし、絶えず四少年を気遣った。

④時節も丁度、断食節であったので、日々、四少年の好物の魚を贈られた。

⑤四少年を待ち、四少年と話し、ローマ教皇というよりは、むしろ、父親というべき御慈愛を示された。

⑥しばしば、四少年の安否を問われ、そのために、様々な心を尽くし、また、折々には、親しく四少年を訪ねて色々と御話し下さった。このような慈愛は、取り分け、私的な謁見の際にも示されたのであるが、その時は、マンショとミゲルを己の傍らに座らせ、マルチノのみを起立させ、マンショは、日本國の贈物を献上し、パパは、この上もなく喜んで受け取られた。

⑦四少年が日本國において、不足している物事をパパに言上すると、直ちに、その援助を受けて下さった。それは、唯々、精神的な助けばかりではなく、物質的な援助のものであった。三少年は、大いに喜び、パパは、「日本國に向かう者には、必要とする物を与える」と言われ、三少年に「何か要望はあるか⁉」と尋ねられたのである。

⑧このようにして、皆々が心から喜び、暫くの間は、他の話をすることが無いほど、四少年の話に熱中している時に、パパが席を立たれ、皆を先導し、とある別室に案内された。その部屋には、数々の貴いカトリックの祭具が準備されており、三少年にお見せになられた。

⑨それから、パパは、皆を先導して、自ら、美しい長い回廊の扉まで行き『この回廊は、私が自ら工巧《くぎょう》に命じて作らせたものだ。諸々の都市、諸々の国の精巧な絵図をもって装飾したものだ』と言われ、侍従長のビアンケット台下が、回廊の扉の前に立っておられた。パパは、ビアンケット台下に『彼らを、ゆっくりと案内するように』と、ご下命され、自らは、回廊の扉の前に立って、三少年が帰って来るのを待って下さっていたのである。

⑩その後も、パパは、暫く、三少年と共に語り合われた。夕方となり、皆が別れを告げても、同席して下さったのである。

⑪『一日一行の者、ローマの大聖堂に参詣することを望む』これは、ローマの諸々の風習であり、遠き日本國においても、キリシタンの憧れであった。この時、パパは、自ら御下命され、四少年をもてなす方法を詳しく議論して下さった。よって、パパの真心のある慈愛の徴は、とても大きく、普段では、決して見ることの出来ない多くの聖遺物を拝見させたばかりか、どの教会でも行列が出来、鐘やオルガンの響きによって少年達を迎えさせたのである。パパが訪問されたとしても、これ以上のもてなしは、無いほどの歓待ぶりであった。日本國の四少年を一目見ようと、また、この機会に有難き貴き聖遺物を拝もうとついて来た群衆の騒ぎは、尋常ではなかった。三少年の後をついてきた人々の中には、馬車で来る者もあれば、行列の進行が早いにも拘らず、徒歩で後を追う者もあった。

⑫取り分け、パパは、ジュリアンのことに心を痛めておられた。先述したように、ジュリアンは、重い熱病に侵されており、パパは、お勤めの最中でも、常に、ジュリアンを気にかけられ、自ら御下命され、ローマで最も優れた医師を呼び、その病を診察させ、また、ビアンケット台下や他の人にも、日々、ジュリアンを訪問させ『病を治すために、医師が調剤した薬をとる際に飲むのが苦しい時には、もし、そなたが私を喜ばそうと思うなら、必ず、薬を避けることなく飲みなさい』とメッセージを伝えさせた。この話を聴いたジュリアンは、心から喜悦し薬を飲み続け元気になった。

⑬とても貴きパパは、重病の死の床についても、その遷化《せんげ》の一時間ほど前までジュリアンのことを思い続け、傍に待機する人々に色々と御尋ねになられた。このことこそ、ひとえにパパ・グレゴリオ十三世聖下の御慈悲の徴であった。様々な物事が過ぎゆく間に主イエズスの御心に叶い、間違いの無い叡慮により、パパ・グレゴリオ十三世聖下の貴き魂は、天に召されたのである。自由と寛容との一致により、常に、カトリックの宗旨を

弘めた偉業への祝福であったのであろう。

ローマ教皇パパ・グレゴリオ十三世聖下の遷化は、1585年四月十日のことであった。この悲しき訃報が四少年の宿舎に伝えられるや否や、三少年は、非常に驚き、悲しみ、力を落とした。真の父親を亡くした孤児のようであった。但し、ジュリアンだけには、重病で伏しているので、その心を痛め傷つけることを恐れ、パパが亡くなったことは知らされなかった。よって、イエズス会総長は、自ら三少年を訪問し、慰めて下されたのである。そして、今後も、これまで同様に慈しみを受けるため、即ち、主イエズスの叡慮により、四少年を新しいローマ教皇選出のコンクラーベに立ち会わせたのである。また、新しいローマ教皇に四少年の使命を知って頂ければ、引き続き庇護して下さることは、必定であると激励した。三少年の心も落ち着き和み勇気を取り戻した。

枢機卿会は、四少年の悲しみを憂い、サッソ台下を四少年の宿舎に遣わし、枢機卿会に成り代わり、『どなたが次のローマ教皇に選出されたとしても、パパ・グレゴリオ十三世聖下と同じように、必要に応じて、必ず、庇護し支援する』と約束して下さった。

第八章
『パパ・シスト五世選出（コンクラーベ）後の諸事について』

ローマ教皇パパ・シスト五世像

主イエズスの慈しみの深さは、世界中の全ての教会を新しい牧者の誕生をもって、また、四少年に新しいローマ教皇の誕生をもって慰めて下さいました。四月二十五日は、教皇選出（コンクラーベ）の第四回目にあたり、その日、枢機卿の全会一致により、ローマ教皇パパ・シスト五世聖下が選出され、四少年の喜びも言葉に出来ないほどで御座居ました。なぜならば、四少年へのパパ・シスト五世の御厚意は、既に、弘く知られており、また、枢機卿の館を訪ねたり、おもてなしを得ていたからであった。四少年の望みは、無益にならなかった。

その二日後、足吻の儀を行うべく参内すると、新ローマ教皇パパ・シスト五世聖下は、四少年を極めて厚く待遇し、自ら、先ず、御口を御開きになり、四少年の安否を尋ねて下さいました。ドン・マンショ・伊東は、パパの御言葉に応え、『私たちは、パパの御選出を極めて喜び奉り、また、この素晴らしい機会に立ち会えたことは、この身の何よりの幸せで御座居ますと述べ奉り、なぜならば、日本國に帰国した暁には、全世界の牧者にて、ローマ教皇であるパパ・シスト五世聖下の選出にあたる全てのことを、日本國の人々に語り弘めることが出来るからです。全世界のカトリックのパパ、特に、日本國の新しいカトリック共同体に対する庇護を御願い申し上げます』と。パパは、『そのことについて、どのようにでも好きなように取り計らう、特に、自ら全ての物事を計画する』と、丁重に御返答下さいました。且つ、傍らに控えていたイエズス会の神父たちに振り向き、パパは『四少年に何事も不足がないようにせよ、また、必要な物があれば、直に、私に知らせよ』と仰って下さったのである。パパの御言葉を受け、マンショは、感謝奉り、且つ、日本のキリシタンに援助を頂けることを願い、書翰（日本國キリシタンの請願書）を奉った。『このことについては、特に、イエズス会総長より詳しく内容をお聞き下さい』と申し添えたのである。パパは、これに応えて『自らも、その者を呼び、好きなように談合するが良い』と御言葉を賜った。このようにして、新ローマ教皇パパ・シスト五世聖下との特別謁見は、滞りなく終わり、新しいパパの深き御自愛によって、四少年は、厚遇され、その柔和な御上意、有り難い御約束、愛情深い御表情は、四少年の心に新しいパパに対する、この上ない喜びと敬愛の念を湧かせた。

その後、間もなくして、御即位の儀式の日が来た。パパは、四少年を儀式に招待し、諸国の使者の方々と共に、天蓋の柱を四少年に持たせ、また、ミサの折には、その御手に、水を注ぐ役を四少年に行わせることを望まれたのである。同じ名誉をサン・ジョワンニ・ラテラノ（San Giouanni Laterano）聖堂の受領式の時にも四少年に望まれたのである。このようにして、四少年は、騎馬に乗って随行し、全ての儀式に参加した。その後、幾日も経たない間に、また、他の機会に、四少年を、己のブドウ園に呼び晩餐会を開催した。ここでは、当時の内裏の侍従長であったアルフィー・モンセニョール（Monsignore. d'Alifi）や内裏の諸々の侍従から極めて丁重な接待を受けた。

マンショが日本國について請願した内容は、今日、貴き御追憶となったローマ教皇パパ・グレゴリオ十三世聖下の御意志を継ぎ、日本國のセミナリオのため、また、その他の用途のために、毎年、4000スクーディ（8000万～1億2000万円）を支出することを御許可して下さり、その上、『御聖座に私が居る限り、2000スクーディ（4000万～6000万円）を加える。そして、時期を定めずバチカン政府が決定する迄は、私が、直接、支援する』と付け加えて下さった。また、四少年を派遣した三人の大名には、銀によって精巧に装飾された束と鞘を備えた大刀、美しい真珠によって飾られたビロードの帽子を賜った。この大刀と帽子を賜ることは、毎年、定められた時に祝福恩寵の証として、ローマ教皇が、ヨーロッパの諸侯に下賜する習わしに従ったものである。また、日本國の教会のために、金の刺繡を施した三着の美しいミサ以外で司教や司祭が着るマント、聖遺物、その他の素晴らしい贈り物を下さった。特に、四少年に対しては、路銀として3000スクーディ（6000万~9000万円）、その他に格別な恩寵を表すために、パパの自らの御手をもって、金拍車騎士（Caualieri di sproni d'oro）に任命されたのである。

主イエズスの昇天の祝日の前夜となった。その日は、諸々の枢機卿、諸侯、各国使者の列席のもと荘厳な祈りが行われるのが習わしである。さて、その夜の特別な晩歌の終わった後、パパは、四少年を御前に呼び、自らの手で太刀を捧げ遣わし、拍車は、フランス、及び、ヴェネツィア使者に着けさせたのである。また、パパ自らの御手により四少年の首に黄金の鎖をかけ四少年を抱擁し、とても満足した表情で接吻して下さったのである。人々は、貴きパパの瞳より涙が流れるのを見た。この儀式が終わると、四少年は、心からパパに喜びの表情を浮かべ感謝し、『その太刀と拍車のみならず、己が身と血をもって貴きカトリックの信仰を擁護致します』と奉り申し上げたのである。しかし、パパは、『これでは、まだ、四少年には足りない。』と仰せになり、翌朝、更に、四少年を自分のミサに招き、自らの御手によって、貴き聖餐を与えて下さったのである。四少年が受けた、この極めて名誉なことは、どれほどの喜びであったか。その心中をここに記すことは難しいほどであった。

いよいよ、出立の時期が迫り、急ぎ、予定されていた訪問の勤めを果たした。その一つには、ローマの市民に対する儀式もあった。この催しこそ、極めて壮麗なもので、カンピドリオ（Campidoglio）の丘で行われ、元老院議員、及び、多数の貴人が参集した。ここで四少年は、嬉しい招待を受け、一通りの式辞があり、四少年は、ローマ国の市民権を賜わった。これは、唯、口頭で行われたのではなく、四少年一人一人に許可状が与えられ、その許可状は、精巧な模様を装飾した羊皮紙のカルタ（ペルガメーナ pergamena）に、手の大きさの指1本の厚さの金の印を押したものである。ドン・マンショ・伊東は、この市民権を受け、『極めて名誉なことである。ローマは、過去、初めは武力、次には、聖なる信仰によって世界の主となった。今日、新たに私たち四人を市民に加えて下さり、この大いなる出来事は、日本をも手に入れた』と心より感謝を述べた。このマンショの答弁は、極めて本質を突いたものであり、また、極めて謙遜なる者としてローマに受け入れられ、日本人の懸命さを示す証として残った。

さて、いよいよ、出発の前日、パパの足吻の儀を、最後のお別れの挨拶とするため参内し、パパに対し、四少年は、使節団のため、日本國のために頂いた恵み、そして、恩寵を感謝し奉った。パパは、真の父の温情をもってこれに応え、繰り返し繰り返し『今後、次々に為さねば成らぬ事に比べれば、今日までのことは、なんてことは無い。現在も、今後も、旅の間でも、何か困ったり必要な物があれば申し送れ。そうすれば、直ちに、好きなように補助を遣わそう』と仰せられたのである。尚、四少年に、スペイン国王フェリペ二世陛下、及び、ジェノバの執政への直筆の手紙を賜った。これは、良き日にスペインに向かう乗船の取り計らいを請願するものであった。また、四少年の通過する、教会、管区の諸々の地には、ローマ教皇パパ・シスト五世聖下の名をもって命令書を使わして下さり、至る所で四少年を歓待し、その費用を支出し、且つ、護衛隊を付ける旨を命じるものであった。これは、四少年の名誉のため、安全のため、数ミリア警護し送るようにとの内容であった。よって、四少年にロザリオと十字架のネックレスを与え、代償の恩寵を与え、且つ、祝福を賜った上に、人々に休養を与えて下されたのである。

第九章
『ロレートからボローニャの旅について』

フランシスコ会創立者　アシジの聖フランチェスコ像
『現ローマ教皇パパ・フランシスコは、アッシジの聖パパ・フランチェスコの再来と言われる。』

1585年六月三日、四少年は、ローマを出発致しました。早朝にも拘らず、多くの貴人が見送りに駆け、23ミリア（約37㎞）ほど、見送って下さった。その中でも、パパの軽騎隊は、華々しいパレードをし、出立した夜も四少年に随行した。このようにして、四少年は、楽しい新たな旅の出発を飾ることが出来たのである。また、街頭の群衆の人々は、声高に祝福の祈りを叫んだ。

その日の夕方には、チヴィタ・カステラーナに到着したが、パパの命令書が届いておらず、今後、どのようにするか判断に戸惑った。このことを直ぐに、パパに伝えると、パパは使者を立て、その地の代官に命令して下さり、諸事万端の便宜を計り、尚且つ、随行員を付け、また、警護の世話をするように命じられた。直ちに、四少年に40人の警護兵が差し向けられ、四少年は、警護隊の人々と旅を続け、ナルニに到着したところ、この地では、多数の将校、及び、貴人が街より1ミリア（約1・6㎞）ばかりの所で出迎えて下さった。

街に入るや否や、ラッパ、オルガンの演奏の中、管長、及び、総督から出迎えられ、また、多くの群衆に出迎えられた。数々の貴い聖遺物を四少年に見せて下さいました。これにも増して、素晴らしく荘厳な艦隊がスポレートで行われた。ここでは、3～4日前から、ローマから命令が来ており、四少年を待ち受けて下さった。到着した当日、総名代は、僧官や貴人を引き連れ、全て騎馬で、街から3ミリア（約4・8㎞）も離れた所で、出迎えて下さったのである。やがて、総督の代官も出迎えに来て四少年を先導された。その内、段々と、徒歩や騎馬の人々も加わり、その中には、正装した国民軍も加わり、国民軍部隊が整然に堂々と鉄砲を打ち鳴らしながら出迎えて下さいました。最後に、総督台下は、教会長を伴い、黒みをおびた鮮やかな紅の色の衣を付け、民衆と共に町の門より、かなり遠い所まで出迎えに来て下さった。慎み敬く懇切丁寧に四少年を出迎えて下さり、その上、極めて大切な御客様の証として、この街の鍵を四少年に与えるという、極めてめずらしい儀式を行って下さいました。このようにして、総督は、ご自身の馬車に、四少年を乗せて下さり、御自身の館に招待し、そこでは、ありとあらゆる楽器の演奏をもって荘厳な晩餐会を催して下さいました。この晩餐会に出席された人の数は、物凄い出席者の数で、同様に、凱旋式をもって、この大聖堂に入った。総督の歓迎に負けないほどの太鼓、ラッパ、鐘、オルガンの音は、響き渡った。司教のおもてなしは、四少年を歓待するために、身を粉にして様々な工夫を凝らしたもので御座居ました。

次の日、そこを出発して、モンテファルコに向かうことになった。その道中は、馬車が使用出来ず、総督は、旅に必要な馬と警護のために騎兵を随行させ、更に、総督が多くの市民を遠くまで四少年を見送らせ下さいました。モンテファルコに到着すると、以前の街のように多くの歓迎の儀式をもって出迎えられました。ここでは、ベアタ・キアラの聖体を拝見する機会を得て、この上なく満足で御座居ました。その肉は、まだ、生前のままに存在し、その血は、未だに新鮮であるということでした。この受難は、前代未聞であり、四少年は、この神秘に、皆、驚いても驚き尽くせない様子であった。

その日の夕方、既に、暗くなってからフォリニョに入った。45人の騎士がいち早く来て四少年を待って下さり、その上、街の門前には、総督と全ての市民が出迎えて下さった。そして、かがり火の光の中を荘厳に飾られた館に案内されました。素晴らしい晩餐会が開催され、総督は、自分自身で給仕をするほど、隠しきれない喜びを表され、親しく四少年をもてなして下さいました。

翌朝は、アッシジに到着致しました。ここでは、サンタ・マリア・デ・リ・アンジェリ教会、並びに、サン・フランチェスコの教会にある聖遺物の御衣（チリッチィ、羊皮や馬の毛などによって作られている。肌の粗い衣服であり、当時は、償いのために着せられる服であった。）や御靴に、四少年の一人一人が、一つ一つの貴い聖遺物に触れることが叶い、この上もない慰めを受けたのである。どれもこれも、天の人のような者（Serafico Santo）の聖フランチェスコが生前、身体に、主イエズス・キリストが十字架にかけられた際と同様の五つの刺傷が現れた時に着衣していたものであった。（これぞ、まさしく、アッシジのフランチェスコの秘跡である。アーメン）。この地で受けた、人々のもてなしは、言葉で言い表せないほどで、唯々、四少年を見、その後に続くだけでは満足せず、更に、その手や、そのロザリオを持って、四少年の衣に触る姿は、あたかも尊き者に対するようであった。同様なことは後に、ペルージャの地でも繰り返された。そして、盛大な饗応の後、丁重に四少年を領地の境まで見送って下さった。このような歓待の後、直に、ペルージャの歓迎を受けた。

ペルージャは、既に、ローマまで招待を出し、四少年を待ちに待っていたのである。よって、ペルージャのイエズス会教会長の歓待の支出を阻止しなかったら、彼は、凱旋門を作ったり、その他に、様々な工夫を凝らして、慎み敬う、その心を表すために、もてなしの限りを尽くしていたでしょう。

さて、いよいよ、四少年の到着の知らせを受けると、三人の大使に二つの馬車と多数の馬を率いて、街から8ミリア（約12・8㎞）も離れた領地の境まで御出迎えして下さいました。そこで、四少年に出会うと、一人一人ラテン語の短い挨拶をし、四少年が、このような崇高な目的のために艱難辛苦の旅を成し遂げた信心を称賛し、そして、市民を代表して丁重な歓迎の祝辞を述べられました。人々が街から4ミリア（約6・4㎞）ほどの所に来ると、貴族と正装した護衛兵一隊、ラッパ隊と共に出迎えた。これは、ペルージャより遣わされた者である。極めて美しい4頭の馬は、金の覆輪をつけ、ビロードの被覆で飾り、四少年を乗馬させたのである。それは、四少年が思うがままに辺り一帯を眺めることが出来るように、考えられたおもてなしであった。

第三の歓迎のおもてなしは、次々と集まって来た多くの貴人やローマ教皇の使者である枢機卿スピノラ台下(illustrissimo Cardinale Spinola legato di sua Santita)の宮人全部であった。最後に、街の門には、諸々の全ての長老の舎人（貴族に仕える役人）が正装して出迎え、ラッパ、太鼓、鐘、祝砲が絶えず響き、その中を四少年が先導された。祝砲は、初めの内は、時々放たれただけであったが、四少年が街に入った後は、更に、盛大に打ち鳴らされた。真に、一時の間は、特別に祝砲の連射が放たれたのであった。本教会の階段の所で下馬すると、司祭団と司教座聖堂参事会員が、皆、祭服を着て行列をなし四少年を出迎えた。これは、ペルージャより遣わされた者である。そして、最も貴い御聖体の場所まで導かれ、その間は、鐘やオルガンが鳴り響いていた。ここで祈りが述べられ、特に、四少年のために左記の預言者の言葉を元として作曲された聖歌が唱われた。

『御身は、知らない国民を御召しになられ、御身を知らない国民は、御身の許に走りよるでしょう。これは、主イエズスのためなり。貴きイスラエルのためなり。イスラエルは、御身を称えるでしょう』

Gentem quam nesciebas vocabis Et gentes quae non noverunt ad te current Propter Deum tuum et Sanctum Israel Qui glorificabit te.

既に、夜となり、夥《おびただ》しい数の人が集まり、教会の内はもとより、街路に満ちあふれ、警備の役人の懸命な苦労の甲斐もなく道を作る事が出来ないほどであった。よって、この多くの群衆の中を押し通ってイエズス会の修道院に赴いた。ここには、既に、タペストリーや絹布で美しく備えられた部屋が準備してあった。晩餐の時には、管長だけではなく、宮人らが競い合って、食卓に着く四少年をもてなし、四少年の満足は、この上もなかった。

翌朝は、イエズス会のミサに与《さず》かった後、夥《おびただ》しい群衆と共に教皇使者である枢機卿の館に赴いた。前夜に訪問の約束をしていたからである。四少年は、一人一人、2人の管長の間に立ち、ラッパや太鼓、及び、多数の軍兵を先導させ、道を開かせつつ練り歩いた。こうしなければ、夥《おびただ》しい群衆のために足一歩動かすことが出来なかったのである。教皇使者は、丁重な儀式と盛大な饗宴を催して四少年を歓待して下さいました。この時、四少年を、更に、称えるためにペルージャの有力な市民も多数列席したのである。饗応が終わり、多数の貴族は、騎馬や馬車で四少年に随行し、貴き聖なる名所を訪問し、聖遺物を拝観した。中には、主のいばらの冠のいばら一本、聖母マリア（Beatissima Virgine）の指輪が主な聖遺物であった。四少年は、行列やオルガンの演奏をもって迎えられた。その後、人々に伴われてイエズス会修道会に帰った。ここでは、司教、管長、裁判長、その他多数の貴人の訪問を受けることとなった。その時、ペルージャからも、また、各々の富める人たちから様々なレイクイアリ（ガラス容器で保存されている聖遺物）、金銀の小さな十字架、刺繍の絵画、精巧な装飾を施した御影などを四少年に献上された。どれもこれも、四少年に己の志の証となる物を贈呈しようと心を尽くしたのである。よって、四少年が、にわかに出発することは、人々をどのようにしても悲しませずに説き伏せることが出来ないほどであった。

その翌朝、精霊降臨の儀式、及び、免罪符儀式の日が重なったにも拘らず、人々は、早朝より四少年を見送って離別の悲しみを表した。さて、四少年は、3人の大使、並びに、貴人に3ミリア（約4・8㎞）の間、見送られたのである。四少年は、その後、ロレートと進路を取るため、マドンナ・デリ・アンジェリ（Madonna degli Angeli）迄行くことを望んだ。ここは、聖フランチェスコの記念する有名な霊場であり、四少年は、ここで精霊降臨の儀式のミサを、朝に与《さず》かったのであった。また、物見遊山に集まった多くの人々の前で、精霊降臨の儀式のミサに参加し御聖体を拝領した。暫く、アッシジの地に留まったのである。

アッシジの軍兵100人に護衛され、朝、フォリーニョに赴いた。フォリーニョでは、以前にも増して盛大な儀式をもって、四少年は歓迎された。なぜならば、以前、訪問した街では、四少年が、到着するのは夜のことであり、街の門前には、法官、及び、総督が自ら出迎え、街の有力な貴人と共に2時間もの間、四少年を待ち詫びていたのである。四少年が到着すると、丁重な言葉で出迎えられ、全市民の壮大なる大砲や銃の礼射を受け、町中を轟くラッパ、太鼓の響きの中、晩餐の場所に導かれた。既に、準備万端が整っており、晩餐後、四少年が、直ちに、出発しようとすると、人々は承諾せず、荘厳な晩の祈りを聞かせ、また、その時、開催されている夜市を見せ、且つ、市民にも四少年を見せるために留まることを願った。夜市は、既に、終了していたので、出店している店々を開けさせ、全て、いつも通りに並べさせたのである。

さて、翌日になり、丁重な見送りを受けて、カメリイノの街に赴き、ここでも同じように、厳かで礼儀正しい歓待を受けた。初めは、数ミリアの所まで80人の軍兵が四少年を待ち受け、それから、次々と多数の騎馬の者や徒歩の者共が集まり、総勢500人にも及んだのである。さて、いよいよ、カメリイノの町に入ると、諸々の管長や全ての有力な貴人を挙げて四少年を出迎え、人々の大歓喜と今までのようにラッパや礼砲の中を館に導かれ、そこには間もなく、マルカの管区の枢機卿のジェズアルド台下（I'Illustrissmo Cardinale Gesualdo）が来られ、四少年を引見され色々な心尽くしをして下さいました。また、その夜は、一緒に晩餐を過ごして下さった。このようなことは、貴人を歓迎するにあたり、カメリイノの常の習わしであった。カメリイノと同様の催事、慎み深い歓待、礼砲、晩餐、心から歓喜する多数の市民の出迎え、法官、総督の歓迎は、トレンチノにおいても、マチェラータにおいても、リカナアチにおいても行われたのである。これらの地には、いずれも2日間ずつ滞在した。

ロレートにおいても、他の街の歓迎に劣る所は無かった。ロレートの総督は、護衛隊を率いて数ミリア先で出迎えて下さり、やがて200人の銃卒兵が加わり、また、街の門の近くでは、多くの市民が集まり、ラッパや太鼓、そして、多くの爆竹に伴われて教会に辿り着いたのである。この教会では、既に、全ての司教座聖堂参事会員や管長が待っており、直ちに、優雅な音楽に合わせてテ・デウム・ラウダムスが唱われ始めた。この歌に伴われて、御聖体拝領の儀を行い、それが済むと御聖体が安置されている聖堂に赴いた。祈りが終わり、格別な信心をもって、この貴き聖母マリアの家を見物し、初めて宿舎に赴いた。宿舎は、総督の館の中にあって、全て準備万端整っていた。これは、イエズス会修道院よりも遥かに過ごし易いと思い、手配して下さったからである。

翌朝は、四少年は、荘厳なミサに参加して唱い、教会内に在って、王様のためにしか使わない天蓋の下に座を賜わった。贅を尽くした昼食の後に、総督は、四少年を、ミサの準備する更衣室に導き、様々な銀器や礼服などを見せた。その夜は、イエズス会の神父らの修道院にて夕食をとった。翌日、聖堂の内の小さな御堂において、御聖体を受け、聖母マリアを拝見し、また、数々の貴き場所を訪ね、この上なく心を慰め、いよいよ、アンコナに向かって出発した。

アンコナでは、時を待たず、四少年を出迎えるためにサント・ステファノの5人の騎士が遣わされ、それに続いて、やがて議官などが他の役人、及び、200人ばかりの軍兵を率いて来られ、軍兵の祝砲をもって四少年を出迎えた。アンコナの街が見える頃には、その街の総督が、諸々の管長などと共に多くの馬や馬車を率いて来られ、四少年を出迎えた。その中には、ローマ教皇パパ・シスト五世聖下の甥も居り、常に、四少年に付き添い、この上もなく真心を尽くして下さった。総督は、四少年を引見するにあたり、極めて慎み深く丁重なる挨拶をされ、四少年を己の馬車に乗せ、そして、多くの大砲や銃の祝砲を放ち、アンコナ市役所に赴くと、ここは、美しく装飾され、既に、多くの人々が詰めかけていた。この上もない立派な饗応があり、その席上で四少年達が辞退するにも拘らず、管長らが自ら立って四少年の世話をして下さった。食事が終わると、アンコナの地で最も有名な場所を訪問しようということになった。一つには、アンコナの観光であり、二つには、アンコナの市民と四少年が接する機会を作り市民を満足させるためであった。よって、至る所の教会において、四少年に最も素晴らしい聖遺物を見せられ、四少年は、大いに満足した。夜になると、再び祭りが始まり花火が打ち上げられ、大砲・臼砲《きゅうほう》が放たれた。まるで、アンコナの街中が歓喜に酔っているようであった。

アンコナを出発し、日中の内にシニガリアに到着し、さらに、ペサロに向かった。この地は、全てウルビノ大公（Duca d' Vrbino）の領地である。ここでも、四少年を待つこと極めて慎み深く、その領地に四少年が入るや否や、大公は、四少年を迎えるために一人の伯爵を遣わし、大公の御名において礼を尽くし出迎えて下された。

シニガリアでは、ウルビノ大公の命により立派な催しが行われた。四少年は、シニガリアを、食後、直ぐに出発し、途中、ローマ教皇パパ・シスト5世聖下の故郷であるファノを過ぎると、ファノの総督は、多くの貴人と数輌の馬車を率いて四少年を出迎え、そして、四少年に『ファノにおいで下さい。少なくとも一晩、お泊り下さい』と切望された。有難い申し出ではあったが、ウルビノ大公がお待ちになられていることもあり、四少年は、深謝し御断り申し上げたが『短時間でも歓待を尽くさせて頂きたい』と仰せになり、常に、護衛隊を随行され、ファノの街に入る時、そして、ファノの街を出る時には、多数の礼砲を放って四少年を壮大に歓迎した。また、総督は、自ら随行団を引き連れて、1ミリア（約1・6㎞）余り四少年を見送って下さった。

さて、それから、尚、1ミリア（約1・6㎞）ばかり進むと、ロヴェレ侯爵（il Signor Machese della Rovere）、即ち、ウルビノ大公の従兄弟が、10から20人ばかりの騎士を引き連れて、大公の御名において四少年を出迎えて下さった。ロヴェレ侯爵は、自らは、馬に乗ると言われたが、四少年は『一緒に馬車に乗りましょう』と強く切望し、ドン・マンショ・伊東と共に座られた。このようにして、多くの群衆に取り巻かれて、真っ直ぐに、ウルビノ大公の館に赴いた。その時、ウルビノ大公は、丁度この地を訪れたパオロ・ジョルダン・オルシノ殿（Signor Paolo Giordan Orsino）と共に館に御帰りになられたところで、直ぐに、四少年の居室を訪ねられ、慎み深く引見され、親切な御言葉をもって四少年を慰められ『この館、この領地、この身、全てを四少年のために提供しよう。遠路はるばる旅をされ、ヴァチカンの御聖座に恭順された四少年の魂ある徳、その信心に対しては、さらに、素晴らしい名誉を捧げる価値がある』と仰せになり、ウルビノ大公が四少年の旅の疲れを労われ退室しようとされたが、四少年は、大公に懇願して、尚、暫くの間、共に語らうことを求めた。

ペサロの街では、四少年を長く引き留めて歓待しようと望まれたが、急ぎ旅であることを御察しになられ、やむなく、翌朝の出発を、ウルビノ大公は、同意して下さった。よって、四少年は、その旅を続け、その日の内にリミニに到着した。リミニの総督は、僅か15分前に、初めて四少年の到着の知らせを聞き、大いに驚いたが、それでも快く管長などを引き連れ、リミニより1ミリア（約1・6㎞）ほど離れた所で四少年を出迎え、手厚い昼食と大いなる歓喜をもって四少年をもてなした。四少年を素晴らしい晩餐でもてなし、食事が終わって、リミニで保存されている有名な聖遺物を見せるために案内して下さった。その聖遺物の中にも、荊冠の七片の棘、主イエズス・キリスト様の海綿の一片（主イエズスが十字架にかけられている時に、主イエズスに水分を取らせる為に使用したスポンジ）が主なものであった。その夜は、鉄砲、大砲、爆竹の礼砲が響き渡り、翌朝は、2ミリア（約3・2㎞）ほど、総督は同伴され、そこで極めて丁重な挨拶をされ見送られた。同様な歓待は、その途中のチェセナにおいても、また、フォルニにおいても行われた。

フォルニでは、四少年の到着の知らせが、とても遅く知らされたが、その短い時間でも最高の心尽くしで償われた。総督は、フォルニの執政などと多くの軍兵を引き連れて四少年を出迎えて下さった。四少年は、いつも通りの儀式、即ち、ラッパの演奏、礼砲の発射、太鼓の響きをもって出迎えられ、多くの男女の群衆は、街道に溢れ、四少年が馬車で降り立つ教会の中を満たした。群衆が、四少年を見物しようとする願いを満たすために、四少年は、そこから徒歩でイエズス会修道院に赴いた。ここでは、素晴しく装飾された最も貴い聖堂を拝見している間に、素晴らしい音楽が絶えず奏でられていたのである。四少年は、その夜は、ここに宿泊した。すると、フォルニの貴人たちが次々に訪ねて来たが、四少年は、長旅に疲れており休息を必要とするため、全ての人に会うことが出来なかったのである。

同じような歓待は、翌日、イモラにおいても行われた。イモラに到着したのは、丁度、昼食の頃であった。第一に出迎えて下さったのは、司教代理、及び、多くの司教座聖堂参事会員で、この後に次いで200人の軍隊であった。最後に、街の門の近くで、イモラの総督、及び、裁判長の出迎えを受けた。人々は、四少年を出迎えるにあたり、敬愛の眼差しを尽くし、且つ、四少年がイモラを通過するという祝福に心からの感謝を傾けた。先ず、宮殿に行く前に、四少年が、涼しい内に旅を続けられるように時間を変更しミサに参加させた。ミサの後で四少年は、昼食を賜り、その間も素晴らしい音楽の演奏があったのである。ここでは、四少年来訪の永久の記念として、日本語で書かれた書札を書き残すことを懇願されたのである。

イモラを出発して、夜には、ボローニャに到着した。ボローニャから10ミリア（約16km）も離れた所まで、街道を多くの人々が次々と来て四少年を出迎えた。その中でも、教皇使者の枢機卿サルヴィアティ台下、大司教枢機卿パレオッティ台下のお二方は、互いに競い合うように、特に、一人は、その副使者を遣わし、もう一人は、司教代理を遣わして四少年を出迎え、自身の館に招待しようとした。四少年は、その御好意を心より有難いと思ったが、いつもの習慣通りイエズス会の修道院に泊まることを願い、お二人の御招待を辞退した。四少年は、それでも、強く切望されるままに今まで乗ってきた馬車から降りて、教皇使者サルヴィアティ台下のお遣わしになられた、最も美しい馬車に移り、さらに、１００輛ほどの馬車、多数の騎馬の貴人、軽騎兵、スイス護衛兵に伴われて、太鼓、鐘、大砲の発射の響きの中、ボローニャに入った。ボローニャの市民は、とても喜んでいた。

さて、四少年は、イエズス会修道院の美しく整えられた居室に宿泊することになったが、教皇使者は、翌日、直ぐに、四少年を昼食に招いた。また、修道院においての晩餐の用意を準備して下さり、尚且つ、料理人、銀食器、食事に必要な備品、給仕する人々を遣わして下さった。これらのことは、四少年が、ボローニャに滞在している間、引き続き行われたのである。これにも劣らない心尽しを、大司教パレオッティ台下が下された。

先ず、四少年が、宿舎を外出していない朝に、いち早く訪問され、丁重な御言葉で『翌日は、主イエズス御聖体の祝日にあたるので、四少年も行列に参加し、その後で私の館に来て頂き、様々な話をしたい』と切望されたのであった。その他に『自身の手により四少年に御聖体を与えたい』とお付け加えになられた。四少年は嬉しく、この要望を受け入れた。この話があったので、教皇副使者は、サルヴィアティ台下の馬車を引き、多くの貴人、スイス護衛兵を従えて、四少年を訪ねて来られ自身の館に案内した。サルヴィアティ台下は、その身分に相応しい、また、その館に相応しいおもてなしで四少年を迎えた。

翌日、四少年は、本教会に連れられ、適当な窓から行列を見物した。四少年は、とても満足気であった。なぜならば、第一に、その信心が理由であり、第二に、このような荘厳と秩序、そして、多数の人員をもって行われる祭典は、日本では、ありえないことであったからである。行列が終わるところに御聖体が運ばれて来た。四少年は、教会の中の予定されていた場所に案内された。それは、クワランタの大法官の上にあり、教皇使者のすぐ下の席であった。そこから、教会の門まで、手に燭台を持って枢機卿パレオッティ台下の傍に、四少年は、付き添って行き、それから、燭台を置き、天蓋の前の四つの柱を持って執り行った。他の四つの柱を大法官に残した。大法官は、四少年に礼を尽くすために直立していたのである。しかし、道が余りにも長いので疲労が重なり、やがて、また、燭台に火を灯した。行列を済ました後、四少年は、約束通り、枢機卿パレオッティ台下の館に赴いた。教皇使者の下された限りない真心、おもてなし、父のような慈愛、また、信心、謙遜により、普段通りに僧院食堂において一緒に食事を取ることにより、四少年は、この上もなく心が慰められたのである。食事が終わって、その日の残りの時間を様々な話や質問（メスキータ神父の日本の事情　日本の神父や枢機卿の話、日本の習慣、日本の宗教などの事情などを尋ねたのである）や、また、教会など、僧院の聖遺物などの見物に費やした。聖遺物は、特に、サン・ドメニコ（San Domenico）の遺体、ボローニャのベアタ・カテリーナ（Beata Caterina）の御遺体が素晴らしかった。珍しいことに座ったままの御遺体に、四少年は、驚きを隠せなかった。

次の朝は、ボローニャから、やや離れたチェルトーザ修道院に赴いた。ここでは、神父らが枢機卿に対する敬意を示すために四少年を喜んで出迎えて歓待した。そして、そのチェルトーザ修道院から戻って、二人の枢機卿の許に御暇ごいに赴いた。サルヴィアティ台下からは、心からの手厚いおもてなしを受け大いに喜び、次に、パレオッティ台下からも同様に真心をもって接待された。最後に、四少年一人一人に、予てより用意しておいて下さった特に美しい信心の贈り物を賜った。

そして、四少年は、翌朝早く、フェラーラに向かって出発したが、教皇使者台下の命令で遣わされた軽騎兵、スイス護衛兵の一隊と多くの貴人が、遠くまで四少年を見送った。

第十章 『フェラーラの歓迎について』

フェラーラ大公の宮殿

フェラーラ大公（il Serenissimo Duca di Ferrara）は、四少年の来訪を心待ちに切望していた折に、四少年がボローニャを出発して、自身の領内に近づいた知らせを受けるや否や、ベヴィラクワ伯爵に騎馬の鉄砲兵50人を率いさせ国境まで遣わした。ベヴィラクワ伯爵は、心を込めて四少年を出迎え、フェラーラ大公の御名をもって、無事の到着の祝辞を述べ、また、様々な手厚いおもてなしをなし、且つ、そのために、わざわざ率いて来たフェラーラ大公の馬車に四少年を乗せた。その他には、尚、5輌の馬車が遣わされ、各々の馬車に4頭の馬がつけてあった。こうしている内に、やがて、100騎の騎士が来て次々に3隊の軽騎兵が出迎えに来た。フェラーラに近づくと、大公の叔父ドン・アルフォンソ・デステが出迎えに来て下さり、極めて丁重な対応をして下さった。大公の叔父も四少年の馬車に移り乗り、フェラーラに入ると多くの人々が集まって来て、四少年の馬車の後に続いて御城まで騒めきつつ練り歩いた。

御城では、フェラーラ大公自ら、前庭にて御待ち下さり、また、四少年を馬車より降ろして下さり、右の手をドン・マンショ・伊東に差し出された（他の三人の少年には、館の重臣三人が同じようにした）。四少年がフェラーラのイエズス会修道院に行くことを切望したが、フェラーラ大公は、四少年を引き留めて自身の館を提供した。この居室は、且つて、フランス王が宿泊した同じ部屋を美しく装飾したものであった。暫くの間、そこで休息して疲れを癒し、その後、フェラーラ大公の許に赴いて御礼を述べた。フェラーラ大公は、出迎えた時よりも、より慎み深く対応され、マンショに第一の席を取らせ、また、残りの三少年にも各々の席を与え、皆、快く世間話に花を咲かせた。あっという間に時が過ぎ、晩餐の時となった。その日は、聖ジョアンニ・バティスタの祭日（主イエズスに洗礼を与《さず》けた従兄弟）あったので、食卓、調度品、演奏などは、翌日の祭日のための準備がなされていたが、想像も出来ないほどの立派な饗応となった。このようなことは、四少年がフェラーラに滞在している間、毎日行われた。

翌日、四少年は、フェラーラ大公の馬車に乗って館の人々に伴われ、ドイツ人護衛兵に護られ、本教会のミサに参加した。司教は、祭服を着て御待ち下さり、また、門前まで出迎えて下さり、聖水を注ぎ、十字架を聖水に浸け、特別に、四少年のために設けた一段高い席に導き、素晴らしく荘厳なミサの唱歌を聴かせた。昼食後には、大公が来て四少年の泊まる個室に訪ねられた。フェラーラ大公は、居室を案内して、奥方の侯爵夫人、その姉君のウルビノ公爵夫人（Duchessa d'Vrbino）を訪問しようと、皆で馬車に乗り、フェラーラ大公は、自ら末席に座られ、フェラーラを出て、ウルビノ公爵夫人の山荘に赴いた。そこは、とても美しく心地良い所で、多くの庭園があった。休暇中には、多くの貴人を随行させ過ごされる別荘であった。フェラーラ大公は、四少年に山荘を見せようと、その辺りを一巡し、遂に、狩場に到着すると、そこには、多くの野生の獣が放たれていた。取り分け、興味深かったのは、１頭の鹿が人の手の近くまで近寄ってきて、まるで、なついている犬のように馬車の後を追ってきたことであった。

その次の日は、我々の主なるイエズスは、ドン・ジュリアン・中浦が、非常に重い熱病に侵されることを望んだ。三人の少年たちの心痛は、尋常ではなかった。しかし、主イエズスの御恵みによって、熱は、さほど高くならず、フェラーラ大公は、新たに真心のこもった対応をして下さり、直ぐに、名医にジュリアンを診察させ、時々、その様態を報告させ、その上、自らも二度もお見舞いされた。但し、この二度のお見舞いは、もし迷惑でなかったならば、もっと訪ねて来ていたであろう。他の三人の少年たちは、いつもの慣習に従い、朝の内に主だった教会を参詣した。一つの教会では、御聖体の血を見て大いに驚嘆した。それは、不思議な現象であり、神秘を疑った司祭の手から飛び散り、既に、400年も経っているのにも拘らず、未だに生々しく、天井に、また、全ての御堂に降り注いだままであった。

昼食後、フェラーラ大公は、乗馬の格好で駿馬に乗り、四少年を厩舎に連れて行き、四少年を喜ばせ、夕方、館に御帰りになられた。四少年は、次の日にフェラーラを出発することにしたので、フェラーラ大公の休暇中の館に挨拶に赴いた。その際には、日本の装束を着て行くことが、より良く、フェラーラ大公の意に叶うと察して、侍の格好で出向いた。フェラーラ大公は、四少年の出発のことを聞いて、自ら四少年を先導することを思い、既に、夜になっていたが多くの松明を灯させ、四少年の居室まで訪ねて来られた。四少年は、その居室より一揃えの日本の衣装と豊後の大名　大友宗麟公（ドン・フランチェスコ）より託された精巧な太刀一振りを取り出して、これをフェラーラ大公に贈呈した。フェラーラ大公は、大いに喜び、贈呈品をもたらしてきた下人に50スクーディ（100万~150万円）ほどの価値ある金の鎖を与えた。また、四少年に様々な金銀のあしらった造花を贈った。これは、四少年の母たちへの贈り物であると伝言された。

ヴェネツィアへの旅路は、川を行くものであった。フェラーラ大公は、華舫のように設計させた自身の大船を提供した。船には、垂れ幕で装飾した三つの美しい船室があり、その一つには、紅のダマスコを敷いたベッドが置いてあり、これは、熱病に侵されているジュリアンのためであった。フェラーラ大公は、尚、自分の主治医と一人の散髪屋（当時、外科医を兼ねていた。）を遣わして、その病を看護して下さった。主イエズスは、フェラーラ大公が、四少年を、より大切にするようにジュリアンを病気にしたことこそ御摂理である。我々の主イエズスの御恵みにより、熱は、たった1日しか苦しめなかった。

館より出発の時は、館の諸々の人々が見送り、川には、武装した戦艦が四少年の乗る船を護衛した。戦艦には、多くの強者共がラッパや太鼓を持って乗り込んだ。このようにして、出帆し、やがて、昼食の時になると2艘の大船が現れ、華舫の両側に寄ってきた。その船の一つには、キッチンが備えてあり、もう一つには、食堂が設けてあった。そして、館同様に立派な饗宴が出来るようになっていたのである。

我々の主イエズスが、四少年に素晴らしい天候を御授け下さった御陰で、短時間でキョッツァに到着することが出来た。

第十一章
『ヴェネツィアの歓迎について』

ヴェネツィアのゴンドラとサルーテ教会

日本國使者の四少年の到着を祝うために、ヴェネツィア政府（セレニシッマ・シニョリア　青空のように雲一つ無いの意）の催した饗宴・式典は、少しも飽きることなく、尊重し嬉しく敬い、四少年を待っていたヴェネツィア共和国が行った最善最美を尽くしたものであった。四少年がヴェネツィアに近づくと聞くや否や、直ぐに、手紙をキョッツァに送り、四少年を歓待するために心の籠った儀礼を尽くし、費用を一切惜しまないことを命じた。このキョッツァこそ、四少年がフェラーラを出発し、ヴェネツィアに入っての第一の土地であった。よって、この命令に従って、かの有名な説教僧イル・フィアンマ司教（Mons. Vescovo il Fiamma Predeiator）は、大勢の司祭団を引き連れ、そして、知事フィリポ・カペルロ殿（il Sig. Fillipo Capello）は、美しく装飾された多数の船を率いて出迎えた（説教僧イル・フィアンマ司教は、その後間もなくして昇天された）。知事は、ヴェネツィア政府の名において丁重な歓迎の言葉を述べ、四少年を真紅のヴィロードの布で覆った美しい自身の船に乗船させた。礼砲が放たれ、ラッパ・太鼓の響きが四少年を祝った。このようにして、キョッツァに入るや礼砲の号砲が響き渡り、沢山の花火が打ち上げられた。夜は、晩餐の前、昼食の前、四少年の滞在の間、毎日繰り返された。四少年は、ある館の美しい居室に入ると、群衆は、既に、溢れていた。司教台下は、わざわざラテン語をもって美しい祈りを始め、ひとえに、信仰のために、遥か遠き母国を離れて、遥々旅して来られた四少年の信仰と信心を称賛し、併せて、日本国のイエズス会の苦労と奮闘を述べられた。

翌日、朝食の後、四少年は、ヴェネツィアに向けて出発した。キョッツァ知事、及び、司教もこれに加わり、多くの船舶が四少年を護衛して出帆した。サン・ジョルジョ島を過ぎると、ここには2艘のガレラ戦艦が四少年を待ち受けており、礼砲を放って歓迎の意を表した。ヴェネツィアの都より、2ミリア（約3・2㎞）離れたサント・スピリ島（これは、レゴラリ修道会の修道院）に到着すると、ここには、ヴェネツィア元老院の特権階級の議官40人ばかりが黒光りした真紅の礼装を着て、四少年を待ち受けていた。元老院の長、リッポマノ台下（il Clarissimo Lippomano）であり、極めて礼儀正しく上品な様子で、この共和国の名において、あらためて歓迎の言葉を述べられ、四少年を2艘のピアッタ（これは、公卿を迎える時に遣わされる官船であり、絨毯が敷かれたものである）に乗せて下さった。無数のゴンドラ、武装した戦艦、及び、各種階級の多くの人々がこれに続いた。

ヴェネツィアに入るにあたり、直ぐに、宿舎に向かっては、面白くないので、少し回り道をする方が面白かろうという考えから、中央運河を漕ぎに行くことになった。その珍しさ、立派さは、とても四少年を喜ばせ、また、驚かせた。人々は、四少年に一つ一つの邸宅、広場、その他、名立たる都のヴェネツィアの名所を観光させ、このようにして、イエズス会の修道院に到着した。この修道院は、四少年の宿舎とされていた。ここには、多くの群衆が溢れており、家も教会も川岸も見分けがつかぬほどであった。修道院に到着して、荘厳な音楽に合わせて唱うテ・デウム・ラウダムス（年末に感謝を捧げる歌。『主よ、あなたを賛えます』）を聴いた。歌が終わり、四少年は、各々の居室に導かれた。どの部屋もイエズス会修道院は貧しいので、ヴェネツィア政府の命によって、金で塗装した革や絹と金糸で織られたタペストリーが壁に飾られ、床には、絨毯が敷きつめられ、多数の銀具が設えてあった。四少年は、元老院の議官らによって、この居室に案内されたが、その後からは、多くの群衆が詰めかけて来た。よって、夜の2時頃までは、追いかけて来る群衆の流れを止めることが出来ないほどであった。その夜も、次の夜もヴェネツィア政府の代官らは、四少年の催しのために出費を惜しまなかった。銀器は輝き、最も優れた音楽の演奏が行われた。世俗のものでなく、とても素晴らしい聖歌・讃美歌、また、その他の類い稀な曲目ばかりであった。また、常に、接待役担当の長（ヴェネツィアの重要人物の紳士）がヴェネツィア政府の特別の依頼を受けて、四少年に付き添い接待した。同夜は、教皇使者、翌日は、ヴェネツィアの司教、及び、諸国の大使の訪問を受けた。さらに、その翌日には、少しの間、外出して、あっちこっちの教会に訪問し美しい聖遺物を拝見した。

第三の日は、ヴェネツィア大公殿下に謁見する日と決定した。この儀式を極めて壮麗なものにしようと、元老院の議官らが大勢で来て四少年を宿舎より連れ出して官船に恭しく乗船させ、それから宮殿に案内した。宮殿の各部屋を通ると、どの部屋にも多くの人々が満ち溢れていた。出ることも入ることも出来ないほどであった。最後に、ヴェネツィア大公が出て来られ、シルクの布で覆われた高い御座にお座りになられた。ヴェネツィア大公は、宝玉で飾られ精巧な刺繍で作られた極めて壮麗で華やかで美しい装束を着て来られ、その御年95歳という高齢と、今日、この礼装でこのように厳かで、真に、重厚な出立ちは、より一層恭しく見えた。その両側には、全ての元老院が黒光りした真紅の礼装で居並び、それより高い席に四少年が両方に二人ずつ立派な儀式の折に使用する椅子に座らされた。四少年は、通訳を介して、この貴いヴェネツィア共和国の領内で、この上もない催しを受けたことを感謝申し上げ、また、この場に相応しい挨拶をした。ヴェネツィア大公殿下は、これに対して深い情愛をもって述べられ、さらに、新しい贈り物をされ思いがけない出会いの喜びを表された。その御礼の証として、四少年は、ヴェネツィア大公に一着の日本の衣装と大小の刀を贈呈した。この献上品は、とても珍しい物だったので、大公も議官らも大いに喜び、日本使者来訪の記念として、説明書を付けて、この献上品を公の場所に保存しようといった。この謁見は、双方とも極めて満足すべきものであった。ヴェネツィア大公殿下、並びに、貴族らは、遥か遠き国より来訪した四少年の謁見の儀式にあたり、且つ、その使命を考え、また、四少年は、自分たちのために尽くされた真心と歓待に感謝し、並びに、この儀式の荘厳さを見て御互いに喜んだのである、

最後に、丁重な別れの礼を述べて、四少年は、武器庫と議会場と、それから、宝物庫、歴史記録所などの巷の観光に赴いた。どれも四少年のために特別に美しく飾られてあった。群衆は、いつものように満ち溢れ、街路も、屋根の上も、広場も、何もかも見分けがつかないほどであった。昼食後は、ヴェネツィア人の習わしに従い、美しいゴンドラに乗ってムラノに赴いた。ムラノで様々な宝物や庭園を観光し、さらに、硝子工場に赴いて少しの間見物した。硝子は、日本國には無い物であったので、四少年は、とても喜んだ。

それはそうと、ヴェネツィアで四少年を最も満足させたものは、何よりも壮麗なプロチェショーネ行列（仮面をつけたカーニバル）の行進であった。ヴェネツィアでは、毎年、六月二十五日にサン・マルコの出現を祝うのであるが、その日は、まだ、四少年たちは到着していなかったので、四少年のために特別に延期して、六月二十八日に、サン・ピエトロ、及び、サン・パウロの祭りを同時に開催することにしたのである。いつもの狂言（お芝居）やその他の様々な催し物は、信心深いキリシタンである四少年に、また、神父たちも同伴しているので歓迎の催しものとしては、相応しくないので、その代わりに、スピリチュアルな信心深い祭典を行うことにしたのである。この行列は、いつも極めて立派であるが、今回は、より格別で、四少年の名誉のために

あらん限りの絢爛豪華を尽くした。これに参加した修道院の神父や修道士、司祭、各派の修道院のコンフラテルニテ教会は、聖服も極めて美しく金銀によって装飾してあり、大きな聖棺に多くの宝物を入れて運び、全て1000万ミリオネ（2億～3億円）の出費をしたということである。その数、100ほどの舞台席が設けられており、そこでは、美しい衣装を身に着けた多くの人々が、様々な昔の貴い物語を狂言にて演じられた。とても素晴らしい芝居と、同様に、四少年は、新旧の聖書の奇談、聖者の殉教等を目の当たりにして見ることが出来たのである。狂言の最後の演目として、四少年がローマ教皇陛下に拝謁する謁見の儀式の様子が演出されていた。このことは、四少年を、この上なく喜ばせたのである。この芝居見物の後、四少年は、とても満足し感動を隠し切れないように見えた。四少年は、『長い旅路の間にも、こんなにも面白く、楽しいものを見ることが出来なかった』と、人々に漏らした。

その後の数日は、様々な人が訪問し時を過ごした。主な訪問者は、ヴェネツィアの司教、教皇使者（ヌンチオ）、及び、諸侯の使者であった。また、ヴェネツィアの教会、宝物、城や砦、特に、有名な大きな武器庫、及び、リド（Lido）なる二つの城の見物に赴いたりした。リドでは、海上の船中で饗宴が催され、宴が終わった後には、四少年に楽しんで頂くために魚釣り大会があった。

そして、ヴェネツィア共和国が四少年に対して示した真心の籠った歓待について、あまり長くならないように、要点だけをお話しいたしましょう。

一、永久の記念として、ヴェネツィア国会議事堂と称する広間に、四少年の等身大の姿絵を飾らせたことである。この大評定所には、多くの大公の肖像画もあった。四少年の肖像画のために、絵描き（画家ドメニコ・ティントレット）に2000スクーディ（4000万〜6000万円）が支払われた。それぞれの絵の下には、四少年の自身の手で、日本の文字で書いたものを記すことにした。これには、イタリア語の翻訳が添えてあり、四少年が、この国に来たこと、その理由が説明されており、また、四少年の名前が記されていたのである。これは、四少年が、自身の手で、日本の文字とイタリア文字にて署名し、これが、ヴェネツィア国会議事堂に渡されて声高らかに読み上げられると、その場に臨席した人々は、皆、大歓喜し満足した。

二　ヴェネツィア共和国から四少年に贈られた沢山の宝物は、左記の通りです。

ダマスコの織物　2
ヴィロードの布　2
絹布　2
金糸入の絵絹　2
金襴布　2
どれも、紅や青色の煌びやかな物であった。その他に、各種の美しい物も賜った。

硝子器　2箱

細かい文様で飾られた大鏡　4
黒檀で飾られた大鏡　4
高価な象牙の十字架　4

そして、四少年の出発にあたっては、四少年が旅路の間、困られないように特別な命令が出され、ヴェネツィア領内の至る所で、大公の名において宿泊出来るようにした。よって、四少年たちは、海上数ミリアの間、多くの貴人に送られ、途中、アルガのサン・ジョルジョの修道院で極めて素晴らしい昼食の饗応を受け、ヴェネツィアから手配された2艘のバルコニーに乗り、ブレンタの川を進んでパドアに到着し、そこで船を下りると、パドアの大勢の人々が、貴人の乗る多くの馬車や学校長より遣わされた出迎えの人々共に、四少年を待ち受けていた。このようにして、イエズス会の修道院に案内され、その夜は、ここに一泊した。翌日は、いつもの習慣通りに、教会のミサに参加し聖遺物を拝見した。

四少年は、ヴィツェンチアに赴いた。ヴィツェンチアでも、これまで同様に厚いもてなしを受け、多くの馬車が街から6ミリアほど（約9・6㎞）離れた所まで、四少年を出迎えた。ヴィツェンチアでは、立派な館に宿泊し、その歓待は、全て美しかった。食後には、最も素晴らしい劇場に案内された。ここには、夜市で、街の全ての男女が集まっていた。各種の音楽が奏でられ、四少年を賛美し、ヴィツェンチアを祝福する祝辞がイタリア語で述べられた。また、同じ賛美がラテン語の詩によって朗読された。

次の日は、ヴェローナに向かって出発した。12ミリア（約19㎞）ばかり行った所で、心地よい山荘で昼食して炎天下が過ぎるのを待ち、尚、進むと、ヴェローナに5ミリア（約8㎞）ばかりの所で、騎馬300騎の貴人の出迎えを受けた。さらに進むと、多くの馬車が待っていた。その中の一つは、ヴェローナの裁判長や知事の馬車もあり、知事の馬車に乗せて頂いた。もっと街に近づくと、鉄砲隊、その他の軍兵1000人ばかりがおり、四少年は、四少年の前で三隊に分かれ、軍隊式の儀礼が行われ出迎えに花を添えた。ヴェローナに入る際、本教会に入る際、また、館に入る際に礼砲が放たれ、また、ラッパ・笛・その他の軍楽器が鳴らされた。だんだんと賑やかになり多くの人が集まって来た。

　ヴェローナは、大きな街で人口も多く、四少年たちが街を通行する時には、夜市に人が見物に出て来たと言っても過言ではないほど、多くの人が集まった。このように多くの人が参集する中を、四少年は、先ず、イエズス会修道院へ行き、次に、本教会に案内された。ここでは、多くの司教座聖堂参事会員からオルガンの演奏をもって、厳かで重々しく接待された。そして、司教の館に連れて行かれた。司教の館に滞在すること2日、その間に、ヴェローナの街、観光名所、取り分け、聖遺物を見学した。その間には、諸々の貴人が競い合って歓待の限りを尽くされた。特に、本教会の教区の司教を支える有識者は、一日、極めて荘厳なミサを行い、四少年のために、特別に、教会内に立派な天蓋を設《しつら》え、飾って、名誉ある席を設けた。

　また、特記すべきことは、ヴェローナ知事と軍隊の将軍が四少年を訪問して、真心と慎み敬う意を表し、四少年の出発の際には、多くの兵士と馬車を随行させたのである。その間は、四少年が必要な全ての物を提供して下さり、何も不自由することがなかった。このようにして、四少年はヴェネツィアの地を離れたが、四少年に対する歓待の華麗壮大、且つ、真心は、どのように称賛しても尽くせぬほどであった。

第十二章
『マントヴァ国の出来事について』

マントヴァ大公の宮殿

珍しい高貴な日本國の使者が来訪し、至る所で前代未聞の真心と名誉ある歓迎を受けているという噂がイタリア全土に弘がっていた。各地の君主らは、一には、四少年に会うことを求め、二には、他の街に負けない華々しい歓迎を計画したのである。その中でも、取り分け、マントヴァの大公は、四少年が来るのを、じっと待つことに飽き足らず、ヴェネツィアに駐在する自身の執事を通じて、マントヴァ大公は、自身の名において、四少年が来訪することを切望し、且つ、執事に自ら四少年を案内して帰国するように命じたのであった。四少年は、既に、マントヴァとヴェローナとの境にあるヴィッラ・フランカにいると聞くや否や、上流階級の騎士であり、且つ、その親戚であるムチオ・ゴンザーガ（Signor Mutio Gonzaga）殿をヴィッラ・フランカに遣わして、四少年を出迎え、マントヴァ大公は『私自身は、病のため出迎えることが出来ない。しかし、四少年の到着を聴き、喜びを抑えることが出来ません。どうぞ、私の館領内のありとあらゆるものを、自由にお使い下さい』とムチオ・ゴンザーガに伝えさせた。四少年もマントヴァ大公の御好意に、丁重な返答をした。

さて、やがて、マントヴァ大公の領内に入ると、四少年のために及び、使節団のために多くの馬車が遣わされ、その中の一つの馬車が大公自ら使用するものであった。１００人にも余る騎馬鉄砲隊5隊が整然と護衛した。また、暫く進むと１００人ばかりの軽騎兵が出迎えた。皆、兵士たちは、白色の武器を持ち極めて壮観であった。

夜に、マルミローロに到着した。マントヴァより、７ミリア（約11・２㎞）ほど離れたところである。ここには、太子が、４頭の極めて美しい栗毛の駿馬に黄金造りの馬車を引かせ出迎えた。その他には、１００人の貴人の騎馬に50の馬車を引かせ出迎えた。全ての騎士は、ヴィロードのマントをつけ、折戟章（ランチ・スペツァーテ）と呼ばれる金の鎖を巻いていた。よって、マントヴァ大公に代わって述べられる、その言葉も、マントヴァ大公の真心に従い、その出立ちに見合う懇切丁寧を極めたものであった。四少年も、これに応えて、礼を尽くした挨拶をすませ、太子は、再びその馬に乗り、『四少年の名誉の為に自ら先導する』と言われ、しかし、四少年は、太子のお言葉を聞かず、ひたすらに懇願して同じ馬車に乗って頂いた。しかし、太子は、謙遜の心を忘れず、あえて、上座には、座らなかった。

この地でも、どこでも、マントヴァの信心深い善男善女は、ありとあらゆる所から次々と群れをなして集まり、街道に満ち溢れ、四少年の馬車が通過する間、マントヴァの人々は、貴き者に会うように、地に跪き、目には、柔和な涙を満たし、天に向かって千の言葉で賛え乞い叫び、暫しの間は、我を忘れたような景色であった。このような誉と儀礼との間を、四少年は、練り進んで城の第一の門に到着した。そこには、シピオネ・ゴンザーガ殿（Signor Seipione Gonzaga、この人は数ヶ月後にエルサレム Jerusalem の総主教に選出されたのであった）が待機しており、四少年を出迎えた。シピオネ・ゴンザーガ殿は、大公の使者として『本日、突然の腰痛の病のために、予て約束したように、大公自ら出迎えることが出来ないことを心より御詫び申し上げます』と大公の伝言を伝えた。要塞には、多くの軍兵が整然と整列し、100余りの臼砲が礼砲として打ち放たれ、爆竹がこれに混ざり、ラッパ・太鼓、その他様々な楽器の絶え間なき響きが、これに加わった。城門をくぐると、礼砲は、一段と勢いを増した。このような素晴らしい凱歌と満ち溢れた群衆の間を分けて、大公の館に入ると、マントヴァ太子は、自ら四少年を居室に案内した。これは、四少年のために新たに建てられた館で善美の限りを尽くしたものであった。ドン・マンショ・伊東が宿泊した、その一室だけでも8000スクーディ（1億6000万~2億4000万円）の費用がかけられたのである。マントヴァ大公は、病のため病床に伏していたが、朝には、いち早く四少年を訪ねられた。太子、及び、館の主だった人々も大公に随行した。高貴な身分にも拘らず、丁重、且つ、心厚い御言葉を四少年に贈った。マントヴァ滞在の間、どんな時でも、常に、第一の上座を四少年に与えて下さったのである。

その後、マントヴァ太子は、四少年をサンタ・バルバラに案内した。これは、館の内にある大公家の教会と礼拝堂である。此処こそ、大公の言わば精神の心の慰めの全ての歓喜を満たした場所である。なぜならば、教会は、華麗に金で装飾され、多くの司祭がおり、精巧な器具を備え、また、珍しい多くの聖遺物を所蔵していた。大公は、また、自ら貴き儀式に参加してくれることを、とても楽しみにしていた。さて、そこでは、一番美しい音楽を奏でさせ、大公は、音楽にも精通していたので、自ら作曲した曲目は、とても多かった。それのみならず、大公自らその唱歌の指揮をされたことも素晴らしかった。この朝は、偶然にも新しい司祭長を出迎えたのだから、

一、その名誉のために、

二、四少年を慰めるために、慎み深く重々しいミサを行ったのである。四少年は、此処で、この司祭長の手から貴き御聖体を受け、その時の様子が極めて信心深かったので、列席する人々は、目に涙する人さえあった。ミサが終わった後、マントヴァ大公は、四少年を一人ずつ自身の居室に帰した。太子は、四少年のために留まって昼食を共にした。また、夕刻になると再び四少年を伴って礼拝堂に行き、前と同じように慎み深く重々しい夕べの祈りを行った。その時、一人のユダヤ教のラビ（Rabbino Hebreo）の洗礼を受ける人がいた。太子の代父であった。太子は、マンショに懇願して、マンショの名を洗礼を受ける人に命名したいと願い、このことは、四少年の使命の良い記念として残すことが出来るので断る必要もなかった。太子は、大いに喜び洗礼者

に『ミゲル・マンシオ（Michel Mantio）』の名を与えた。

マントヴァ大公の許を去った後、マントヴァ太子は、四少年を車輪まで金で装飾した美しいオープンスタイルの馬車に乗せ、マントヴァの街を観光させ大いに遊ばせて下さった。諸々の宮殿、美しい庭園、そして、美しい湖であった。湖は、マントヴァを取り囲んでいた。ここで1艘の美しい御座船に乗った。船は、黒光りした紅色のヴィロードによって飾られていた。この御座船には、尚、多くの小舟が随行し、どの小舟にも制服を着た漕ぎ手が乗船していた。このようにして、ラッパの高らかな響き、アルキブジ、及び、モスケッティ（どれも鉄砲の種類）の礼射の中を湖の中心へと進んだ。さて、深夜1時頃になると、長い橋、及び、大公の館の隅々に一斉に多くの松明が灯された。その他に、六つの大きなかがり火が要塞の城壁の上に置いてあり、その光の神々しさは、街の屋根、そして、絶え間なく往来する人馬3万の人々を照らした。その時、同じ湖の上に2艘の船が現れ、その上には、薪が三角塔の形に積まれ、その頂上には、槍が刺され美しい飾りがつけてあった。材木に点火されると、その炎は、たちまちに雲の上まで立ち上り、3時間余りは、燃え続け、まるで白昼のようであった。この時、丁度、ラッパ、太鼓、鉄砲、火砲の響きが轟いて、さながら、世の終焉のように感じられた。同時に、館の方から、また、様々な方角から銀色の光の雨のように空中に降らせた。湖の中の小舟から多数の光弾を飛ばしたのである。それは、水中に少しの間沈み、やがて、再び巻き上がって巨大な光の霧を現したのである。暫くすると、巨大な轟音が轟いて消え失せるのである。すると、水は、しぶきとなって空中に吹き上げられるのであった。最後には、精巧な仕掛け花火が、暫くの間、水中を旋回した。四少年は、この花火を見て、とても喜んだ。花火は、日本では硝石が無いため、この種の娯楽は、極めて稀で見られなかったからである。御座船で岸に戻り、マントヴァ大公の馬車に乗り、大公の衛兵である弓手、12人の松明を持つ侍童、並びに、多くの貴人に伴われ、ラッパの響きに導かれて館に帰った。

翌朝は、いつものように太子が訪ねて来られ、四少年を連れて昨夜の湖を通ってマドンナの教会（una Chiesa della Madonna）に案内された。多くの奇跡の名高い霊場である。ここで、ミサに参加し、そこにかけられている多くの絵馬を見て、四少年は、大いに喜んだ。そこからは、船に乗ってチェルトジニの修道院（Monastero de'Certosini）に赴いて食事をとった。これは、湖畔にある修道院で、目の前では、人々の漁業する姿を見ることが出来た。午後は、猪狩を行い、とても面白く、いつの間にか夜になった。翌日は、高雅なサン・ベネデット修道院（Monastero di San Benedetto）を見ることを予定されていた。ここでは、修道士たちに行列と鐘の音をもって出迎えられた。特に、鐘は、帝王の御幸の際のみ打ち鳴らされるものであった。修道院長が来て謹んで敬っていた。

最後に、大公、及び、太子が四少年に与えた全ての歓待、名誉、慰めの内容を一つ一つ鮮明に記しておこう。大公と太子は、色々考えたあげくに素晴らしいことを思いついた。即ち、太子は、

一、黄金づくりの胸甲　1具
二、車輪付きの精巧な鉄砲　2艇
三、車輪の付いた鉄砲を束に埋め込んだ彎刀　2口
四、手に持つことの出来るとても小さい時計　4口

五、太子自身が製造した青銅製の最小の大砲　1門　これらは、太子がその場で贈呈して下さった物であるが、その後、尚、

六、太子自身の肖像画を描かせてジェノバまで贈らせた。このように生き生きとした想い出の品である肖像を日本國に持ち帰ることが出来ることは、四少年を極めて喜ばせた。大公からの贈り物は、

七、銀の鞘、銀の束が付された釵《まさかり》　4口

（各200スクーディの価値、よって1口400万～600万円のものであった）

八、最も華麗な聖遺物を入れる箱　4具

九、その聖遺物を入れる箱の中に多くの素晴らしい聖遺物があった。このような贈物をして下さった後も、大公は、その場に残り続け、いつにも増して、優しく親切に四少年と一緒に食事をして下さった。夕食後、四少年は、各々が着衣していた装束と携帯していた日本刀を添えて大公に献上し、且つ、心より感謝して、マンショは『日本國は、とても遠く返礼を返すことも出来ないので、贈物というより、我らの真心の記念品として、そして、謹んで敬う証として、この品々を御捧げ申し上げます』と述べた。

このようにして四少年は、5日間マントヴァに滞在した。これは、マントヴァ大公のために引き留められ、予定より1日長く滞在したのである。よって、その日も終わり、心より熱き御礼を述べて大公に別れを告げた。太子は、四少年が断ったにも拘らず、多くの馬車を全衛兵隊に引かせて四少年を城門まで見送った。その後は、多くの貴人に数々の食事と食器を携えさせ、ガッツォーロまで見送らせた。

ここは、まだ、マントヴァ領内の土地であり、ここでも、今までのように、素晴らしい饗応を四少年にして下さった。そこで四少年は、『まるで、ちっちゃなマントヴァに居る心持ちにさせて頂きました』と感謝した。

第十三章
『ミラノ、及び、ジェノヴァ国の出来事について』

ドゥオモ大聖堂

四少年は、各地で極めて名誉な歓迎を賜り、ある時は、イタリアの豊かさに驚き、ある時は、諸公侯の深き愛情に触れ、そして、庶民の皆様の真心に感謝し、且つ、次々の歓迎に多少なりとも困惑しつつも約1年の旅を重ねた。一つには、四少年の謙遜な心映え、また、一つには、休息が必要なことから、歓迎の群衆と熱狂から、少しの間、離れたいと望んだのである。しかし、人々の心の創造主である我らが主イエズス・キリストは、諸人に、今まで見たこともない、また、二度と見ることが出来ない珍客（四少年）に、特別の愛情を起こさせたのである。それは、唯単に、決して一時的な思い付きの愛情ではなく、諸人に対する主の深き御叡慮によって、その効果は、やがて現れるだろうと期待したからである。このようにして、ミラノの全領土においても、また、同じように荘厳な歓迎が行われた。各地で行われたように諸事万端の準備がされており、また、格別の心遣い、そして、カトリックの王は、特に、ミラノの大臣に命令を与えた。

ミラノの領内で、四少年が最初に入った街は、クレモナであった。ここでは、先に述べたように、素晴らしい歓迎が行われ、その他に、さらに、枢機卿スフォンドラト台下（Illustrissimo Cardinale Sfondrato）より信心と御厚意を賜った。枢機卿は、新しい教皇の選出のため、数ヶ月前にローマに居たが、その時に四少年に会い、その後は、格別の愛情を四少年に抱くようになった。よって、直ぐに、四少年を出迎えるために枢機卿の一人の側近に89輛の馬車を付けて、その国境まで遣わし、丁重に四少年を先導し、且つ、必要な物の世話をさせたのである。枢機卿に遣われた側近は、その命令に従い四少年を手厚く接待し、先ず、途中のソスピイロの山荘に案内した。ここでは、心ある人々が四少年のために昼食の支度をして下さった。食後には、クレモナへ向かった。クレモナは、ソスピイロから34ミリア（約54・4㎞）離れた所である。枢機卿の名代は、多くの貴族と共に出迎え、枢機卿の丁重な挨拶を述べられた。枢機卿は『私は患っており、予てより計画していたように、あなたたちを出迎えることが出来ない』と詫びられたのである。この謝辞の間に軽騎兵の一隊が到着し、四少年は、この隊に護衛され、さらに、城門の外に出迎えのために待機していた司法長官、及び、司法官の出迎えを受け、ラッパ、及び、多くの人々によって極めて荘厳な歓迎を受けた。よって、直ぐに、本教会に参詣し、さらに、司教館に到着した。先に述べたように、枢機卿が病の床に伏していたが四少年の来訪を聞くや堪えかねて、自ら司教館の外まで出迎え、四少年を抱き館内に導かれたのであった。この枢機卿が、四少年を我が家に迎えたという歓喜と満足は、言葉に表すことが出来ないほどであった。だから、四少年を待っている間に、その催しの準備は、極められていた。常に、食事を共にし、常に、自ら四少年の居室まで伴い、二度も四少年を呼んでミサを開いた。一度は、礼拝堂で、一度は、本教会であった。本教会では、四少年に御聖体を与《さず》け、自らも涙し、臨席した全ての人々も涙を流した。最後に、四少年各々に美しく貴い聖遺物を満たした黄金の小十字架を与えた。

そうしている間に、ミラノ総督は、数日前より勅命を受け、ミラノ大公に城を御渡しする要件によって、ピアツェンツァに赴いていたが、かの四少年の到着の知らせを受け、直ぐに、馬車にて引き返し、館に帰った後、直ちに、カトリックの王の使者として四少年を訪ね、その御名において、あっという間に四少年に必要な物質を提供した。

四少年が、クレモナに滞在している間は、総督は、常に、四少年と共に過ごし、ある時は、騎馬、ある時は、馬車に乗せて、スイス護衛兵、及び、多くの貴族らを従え街を案内し、精神的な物や世俗の物を問わず見る価値のある物全てを四少年に見せたのである。このとき丁度、ミラノより、その全領地の総督であるテルラ・ノヴァ大公（Signor Duca di Terra Noua）の一人の上品な側近が来られた。ミラノ大公の命令で、この家臣は、四少年に随行し、四少年が困らないように諸事万端の支出をするために遣わされたのであった。

四少年が、この街に留まったのは、2日間であった。さて、出発の時が来て、枢機卿に丁重な別れの挨拶をしたが、枢機卿は病床にも拘らず、四少年を城門の外まで見送って下さった。総督も、また、四少年が城郭を過ぎる時に鉄砲や大砲を発射しただけでは足りず、自ら馬に乗って2ミリア（約3・2km）ほども同伴して下さったのである。

クレモナの次の目的地は、ピッチキトンであった。その途中では、多くの騎士の出迎えがあり、その後、ミラノ領に入ると、さらに、騎兵の2隊が出迎え、長い間の礼砲をもって四少年を出迎えた。やがて、一つの大きな館に導かれ、随行していたミラノ大公の家臣、並びに、多くの人々から常のように手厚い歓待を受けた。人々は、美しい聖遺物を見せ、四少年は、常に、跪いて聖遺物を拝見した。また、庶民の人々は、ある人は、ロザリオによって、ある人は、手によって四少年の衣服、四少年の足に触れ、あたかも、聖遺物を拝むようであった。庶民の、このような行為を誰も止めることが出来なかったのである。また、庶民の、この行為を見て誰も信心の歓喜を起こさない人はいなかった。

さて、翌朝は、昨日と同じ真心を受け、このピッチキトンを出発し、ロディに向かった。その道中は、川と川の両岸の美しい田園の間を通過するもので、耕作は、良くゆき届いており、いかにも、庭園が続いているように見え、その眺望は、とてもとても美しく、また、真夏の日中でも風が涼しく、四少年にとって少なくとも安らぐひと時であった。ここでは、司法長官が15輌の馬車、多くの軽騎兵と共にロディの街より数ミリアほど離れた所で出迎えて下さった。四少年を敬い、司法長官は、親切に親近感を持って全ての必要な物資を提供し、直ちに、四少年を格別に美しく装飾した己の館に案内した。

その日も、また、次の日も、ロディに滞在した。そのためか、その頃丁度、ミラノを留守にしていたテルラ・ノヴァ大公が『是非、四少年の入場式に間にあいたい』との思いを伝えられ、よって、四少年は、この地で大公の来訪を待つことにしたのである。

その間、ロディでは、『この街が所有する最も美しい物を見せましょう』と、特に、本教会に到着すると、素晴らしく、司教座聖堂参事会員達が教会の門で整列して出迎えた。極めて荘厳な音楽に合わせたミサに参加し、数百年前に、この教会に寄進された祭服や祭具が保管されている司祭の更衣室の中の全ての聖遺物や小室の装飾を拝見した。それは、数々の宝玉、真珠、その他、とても高価な数々の調度品で、どれも本当に貴い宝と称すべき物であり、そして、ロンバルディア地方においても最も有名な物であった。

三日目は、アポストロ・サン・ジャコモ（S. Giacomo 十二使徒の一人、ヨハネの兄弟）の生誕の祝日であった。その日、四少年は、ミラノに出発した。ロディの司法長官は、他の主なる人々と共に、暫くの間、四少年に同行し見送って下さった。その途中、ミラノの一人の貴人とミラノ大公の名代として、一隊の近衛騎兵と共に出迎えられ、丁重、且つ、厳粛に四少年を先導した。昼食の後には、ウィスコンテ大司教台下（Illustrissimo Arciueseouo Monsignor Visconte）の使者も来られた。台下は、その前日に叙位されたのであった。台下の使者は、四少年に多くの贈物をもたらし、且つ、宿舎やその他の必要な物資について御高配下さった。四少年は、丁重に感謝を述べているところに、丁度、ミラノ大公の従兄弟が輝く武具、華麗な制服を着た『折戟章（ランチエ・スペッアテ）』の強者、並びに、軽騎兵１００騎を率いて来られた。大公より遣わされた金総《きんぶさ》のヴィロードによって美しく飾られた4頭の馬に四少年を乗せたのである。なぜならば、すでに街道は、四少年を見ようとする多くの群衆で溢れていたからである。城郭の門外には、大公とその二人の息子、そして、甥のアルケーゼ・ディ・アヴァロス侯、ミラノの議員、全ての法官、並びに、50人余りの騎馬の家臣と共に四少年を出迎えた。四少年は、極めて丁重に出迎えられ、出迎えて下さった皆様と共に街をパレードし、その5隊が一列となった、その整然たる様子は、極めて壮麗で、名誉の眼差しで見られた。大公は、多くの槍騎兵隊の中に居り、四少年と大公は、お互いに丁重な礼儀と挨拶をした。よって、大公の右側にドン・マンショ・伊東が居り、カトリックの王の側近は、ドン・ミゲル・千々石に、また、ミラノ大公の書記長は、ドン・マルチノ・原に、元老院議長は、ドン・ジュリアン・中浦に付き添った。このような状態で、粛々とブウレラにあるイエズス会の神父らの学校（コレジオ）に赴いた。ここには、大公が四少年のために宿舎の準備をして下さっていた。先ず、お御堂に入ると祈りが唱えられ、短曲が唱われた。その後、休息をとった。

翌日、様々な人の訪問があった。この街において訪問された人は、悉く、皆、高い家柄の人々のみであった。その第一は、ノワラの司教、また、トルトナの司教、大司教ご自身、ドン・サンチオ・カステッラノ、夕刻には、大公のご子息も来られた。次の日には、ドイツのバイエルンの太子、その国の大公の御名において来訪され、また、多くのフェラーラの貴人が来た。その中には、フェラーラの大公の親戚にあたる人もおられました。ヴェネツィアの太子、テルラ・ノヴァ大公の甥になる公爵の訪問もあった。余りにも多くの来客があったので、これを、いちいち列挙することは出来ません。大司教は、四少年を親しく訪問し、四少年に、こよなく御慈愛を与えて下さっただけでは足りず、日曜日には、その管区に荘厳なミサを開き四少年を招いた。四少年は、喜んで参加し、大司教台下の手から最も貴い御聖体を受けた。その後、大司教台下と食卓を共にし、その席上で大司教台下が与えられた御慈愛は、言葉に出来ないほどであった。

　総督である大公の歓待も大司教台下に劣らぬほどであった。自ら四少年の宿舎を訪れ、四少年のために、その館において大饗宴を開催した。この間、大公は、いつも右手でマンショと手をつなぎ、いつもと変わらず名誉と真心をもってマンショを待遇した。その上、朝に夕に、自身の息子に自身の馬車とスイス護衛兵を四少年に遣わし、四少年が外出する際には、常に、同行させた。

　さて、いよいよミラノを出発しようとすると、四少年一人一人に金の装飾がされた帯付きの大刀、小刀を、各々贈呈された。この大刀と小刀は、とても高価なものであった。ミラノの心ある人々もまた、これに劣らない慎みと尊敬を表された。彼らが有する最も良い物、教会、修道院、聖遺物、その他の様々な貴き物、そして、様々な工芸品、織物、武具、金銀の刺繍を施した綿布、全て、この大都市が所有する多くの物を拝見させて下さった。これは、大公の命令によるもので、その他にも全ての職人は、自ら進んで最も貴く、最も美しい品々を揃えて見て頂くために提供し、丁度、市の日でもあったので、街の至る所に送迎式があったかのように精巧な品を並べた店々が連なり、家々の窓から地に至るまで金糸の織物や刺繍の絹布が、ひらひらと靡いていたのである。また、ある日、ドン・サンチオ殿が『自分の居城に、なんとしても四少年を招きたい』と言われ、その大きな城は、住民の盛んな紡績産業で、その所有する財宝も種類も多く、とても豊かであったので、本当に大都市と異なるところが無く、その歓待の内容もミラノに劣ることがなかった。

四少年が招待され、ドン・サンチオ殿の居城に到着すると、サンチオ殿は、自ら槍騎兵の警護隊一隊を率いて、領地内の境まで出迎え四少年と再会を果たすや、それを合図に多くの砲兵が５００の礼砲を放った。また、大地を振動するような大砲も50発発射された。そして、場内に入ると、大砲や小砲の絶え間ない礼砲をもって、四少年は、出迎えられた。これは、ドン・サンチオ殿のちょっとした合図によって際限なく次々に放たれたのである。ところで、その時、１人の兵卒が偶然であったか、それとも、あまりに焦ったか、分からないが、ドン・サンチオ殿の合図よりも少し早く発砲してしまった。城代は、軍規に照らして、その兵卒を牢屋に入れた。それを知ったマンショは、その兵卒のために、とりなし、マンショの言葉によって、その兵卒は、許されたのである。このような出来事により、四少年は、一つの礼拝堂に導かれ、いつものように厳粛な儀式と素晴らしい音楽によるミサが開かれた。その後、城のバルコニーに導かれ花火を見た。それは、大砲の筒より大きくはなかったが、15分間、絶え間なく打ち上げられ、各々の筒が１００ばかりの爆音を立て、その爆音は、耳を塞がなければいられないほどであり、饗宴は、極めて見事であった。

その時、とても興味深いことが起こった。即ち、一隊の兵卒がドン・サンチオ家の軍律に従い、この城の全ての扉の戸締りを確認後、その全ての鍵を持って来て、これを、ドン・サンチオ殿に渡すと、ドン・サンチオ殿は、これをマンショに捧げたのである。これは、この家の持ち主であるという印であり、しかし、マンショは、これを受け取らず、その御厚意だけを感謝したのであった。食事が終わって、ドン・サンチオ殿は、四少年に城内を隅々まで見せた。また、再び熱病を患ったジュリアンのために、ジュリアンが居心地よくなるように設らわれたおとなしい良い馬が用意され、ジュリアンは、その馬に乗って人々についていった。取り分け、四少年が驚いたのは、４００輌の巨大な大砲であった。その製法、また、その錬金の方法などを見学し、この城の美しく、そして、堅牢な場所の見物に大満足であった。

そうしている内に、ジェノヴァからの使者が到着して、スペインへ出発する戦艦が、既に、出港の支度をしているという知らせをもたらした。四少年は、その機会を逃してはならないと、予《かね》てより予定していた時期よりも早くミラノを出発することにした。ミラノ大公に別れを告げた後、大公の二人の息子、並びに、スイス護衛兵、鉄砲兵、軽騎兵に、暫くの間、護衛されて、その地に向かった。第一の日には、パヴィアのチェルトーザ修道院に到着した。ここでは、神父らが温かく出迎えて下さり、大聖堂、修道院、その宿舎、その庭園、祭服や祭具を保管している司祭の更衣室の様々な調度品、また、神秘的で浄化され戒律の厳しい数々の名所に参詣して、四少年は、大いに満足した。

次の日は、数時間でパヴィアに到着した。司教台下（このお方は、数ヶ月前に枢機卿に位階されたのであるが、その街の司法長官（この司法長官は、ミラノの元老院議官であり大司教の兄弟である）、及び、他の多くの人々と共に、街の門の外から少し離れた所まで出迎えられ、街に近づくと多くの礼砲が放たれ、多くの民衆に出迎えられた。本教会でミサに参加し、司教館に赴き、美しく設えられた居室に宿泊することになった。その日は、聖遺物や修道院を見た。

パヴィア政府の人々は、この歓待では満足せず、次の日の出発の時には、6輌の馬車を設らえて3ミリア（約4・8㎞）ほど、四少年を見送り、そこで、真心ある丁重な言葉を交わし別れをなごり惜しんだ。そして、その日の内に、ボゲーラに到着した。この街は、ミラノ領の国境である。

テルア・ヴァ大公の家の人々は、大公の命令で始めから四少年に随行していたが、この地で、四少年に別れを告げた。さて、この地に四少年に招待状が届いた。それは、ロレーナ、及び、ブランスイクの両大公の正妻（妃）（Signore Duchesse di Lorena, e Bransuic）からのものであった。この二人の妃は、親子であり、とても徳が高く清浄の鏡と言われる御方であった。二人の妃は、四少年を引見することを願い、自身が住むトルトナの地に四少年を迎えさせた。そこに至る1ミリア（約1・6㎞）の所に家臣を遣わし、四少年を出迎えさせ、この街に入り歓迎を受けた。その夜は、ここに一泊し、二人の妃から贈られた馬車や馬で、ノヴェに向けて出発した。即ち、ジェノヴァ共和国の最初の街である。

ここでは、いつも同様の御恵みを授けて下さるローマ教皇パパ・シスト五世聖下の御旨に従い、補佐するため二人の使者が遣わされ、領内のどこでも、その政府の名をもって、日本からの名誉な客人を出迎える習慣に従い、四少年を歓待したのである。その上、諸事万端の便宜を執り図らったのである。

このことは、ノヴェの地においても、また、その後、通ったガヴィやオッタジョの地においても、同様に行われ、いずれも、いつものように鉄砲、爆竹の祝砲によって出迎えられた。また、軍旗を翻し、且つ、正装した近衛兵2隊、時としては、3隊が遣わされた。

さて、ジェノヴァより3ミリア（約4・8㎞）ばかりの所に到着すると、ジェノヴァの政府より遣わされた

4人の元老院議官は、騎馬の貴族と共に出迎えて下さり、四少年は、これらの人々に先導され、手厚い接待を喜びつつ、また、ジェノヴァへ進む道から見ることが出来る多くの壮麗な宮殿を見て、心は満たされた。ほどなくして、黄金によって飾られた4頭の駿馬に、四少年は、乗せられ、さらに、街の門の外では、トガの衣を着た4人の検察官、その他、主だった役人に出迎えられた。これらの人々に随行され、また、あり得ないほどの多くの市民に取り巻かれて道を進み、ノンチアタに到着し下馬した。ここは、イエズス会の所在地で、その修道院には、ダマスコやビロードのような布の織物や美しい調度品で帝王の部屋の様に居室が準備されてあった。その他にも、まだまだ様々な歓待の準備がされてあった。戦艦の出航が差し迫ったので、歓待の催しをすることが出来なかった。四少年は、僅か2日、一泊しか滞在することが出来なかったからである。それでも、人々は、徳と慎みをもって、その時の短さを補った。元老院議官、その他、主だった人の訪問、ジェノヴァ大公の館における饗宴、大公は、2日間、家臣共を、常に、騎馬で四少年に随行させ、多くの聖遺物を拝見させた。その中には、有名な主イエズスの聖顔と水盤があった。四少年の、どんな外出の際にも随行していた。

四少年は、大公に謁見することこそが最も重要であった。四少年は、多くの元老院議官に伴われて、そこに赴き、宮殿より多くの出迎えがあった。やがて、宮殿の中に入ると、200人のドイツ護衛兵がラッパや太鼓を打ち鳴らし、礼砲を放って四少年を出迎えた。当時、ジェノヴァ大公は、少し病に侵されていたが、直ぐに、正装して四少年を広間で引見して下さり、慈愛と恩寵をもって極めて厚く、また、謁見の終わる際には、階段まで見送って下さった。元老院議官や検察官らは、四少年が馬に乗るまで随行してくれた。

やがて、ジェノヴァ出発の時が近くなり、大公は、再び人を遣わせて、生きた獣、鮮肉、また、調理されたキノコ、その他に航海の間に必要とされる様々な食品を贈って下さった。その後、ドリア王子（il Principe

Doria）の甥ザネッティーノ・スピノラ侯（il Signor Zanettino Spinola）の名代として来訪されたのである。四少年のために準備された戦艦は、スペイン国に向かうのである。戦艦の大将は、渡海の間、力を尽くして四少年を歓待し、そのために最も素晴らしく装飾された旗艦を四少年に提供し、その他に、もし必要な物資があれば、なんなりと準備すると約束された。このようにして、四少年は、４人の主だった元老院議官、及び、多くの貴族に見送られて、いよいよ、船に乗り込んだ。それは、１５８５年八月八日二十三時のことで、艦艇では、ラッパの響き、礼砲の発射で四少年を出迎えた。翌朝は、主イエズスの御名において、いよいよ、スペインへ向かって出発した。イタリア全土の愛情と真心、そして、称賛を身に受け、そして、その代わりに最上の善徳と気高さを永久の記憶として残したのであった。

第十四章
『リスボンへの旅とインドへの出航について』

コインブラの有名な大学の門

旅の終わりにあたり、スペイン、及び、ポルトガルへの旅路について述べよう。しかし、初めて、この地に来た時の一部始終を、既に、詳しく書き記したので、今回は、帰還にあたっての歓待の様子について、再び詳細を述べることは必要ないでしょう。ローマ、並びに、イタリア全土で行われた歓迎の儀礼については、ここではあえて避けて、二つ三つの事柄について記すことと致します。

時は過ぎ、1585年八月十七日、四少年は、バルセロナ（Barcelona）に到着した。我らが主イエズスの御加護によって、海路は、とても安全であった。バルセロナ滞在の1ヶ月の間は、様々な会議のため、また、ドン・ジュリアン・中浦の四度目の重病のために手厚い心尽くしを受けた。中でも本教会では、様々な役の司祭団が出迎え、極めて慎み深く重々しい儀式をもって四少年を出迎え、また、同じ作法を尽くして貴い聖遺物の数々を拝見させて下さいました。この聖遺物は、どれもスペインで極めて大切にされている物であった。

ここを出立して、スペイン国王フェリペ二世陛下の許に参る旅路の途中に、ノストラ・シニョラ・ディ・モンセラート（Nostra Signora di Monserrato, Nuestra Senora de Montserrat）を過ぎた。ここは、貴き聖母マリアの信仰と修道士たちの徳ある行いによって、とても名高き霊場である。修道士たちは、四少年の来訪を極めて喜び、皆、修道院の門まで出迎えた。そして、回廊の中庭は、この修道院に至る第一の場所である。

翌日は、とても素晴らしい精神的な慈愛をもって、四少年は、御聖体を受けた後、あちこちを観光し、また、山に住む修行者達を訪ね、その日を過ごした。この修行者たちは、険しい山間に散らばっている岩の洞窟の中に住んでおり、普段は、観想生活をしていた。

三日目には、既に、出発の時が来て、修道院長は、四少年に各々蠟燭とこの地の由来や霊場について説明した記述の本を下さった。この贈り物は、人々が、皆、嬉しく保存するものであった。この時、スペイン国王フェリペ二世陛下は、モンソンの地にいました。数ヶ月の間、モンソンに行政府が設けられてあった。四少年がモンソンに到着するや、先ず、第一に、善美を尽くした居室が準備された。このようにして、再び、スペイン国王フェリペ二世陛下との謁見の儀があり、フェリペ二世陛下は、起立したままで、太子、及び、その他の王子と共に四少年と面会し、丁重な、そして、真心のある御言葉を賜り、厚き御慈愛を下されたのであった。有難い思し召しで、諸事万端の費用は、スペイン国から支出された。

四少年は、マドリッドに向かう途中、サラゴッツァの地を過ぎた。この街の人々は、様々な趣向を凝らして四少年を歓迎し、3日が過ぎた。その中でも、際立ったことは、四少年の前に美しい問答をし、その曲の中に日本國、スペイン国、イタリア国の出来事が組み込まれており、四少年の旅の様子を問答したことであった。それから四少年は、願ってドロッカに赴いた。なぜならば、四少年が、自身の眼で、この地の永久なる大奇跡を見ようと要望したからであった。数百年後の、今も、とても、有難く祭壇にかけられる純白の布に、主イエズス・キリストの鮮血に染まった五つの傷痕（精神的なものに対する物質的なもの　マタイ福音書　4章）が着いたままに保存されていたのである。そこで、また、一人の子供の形をモチーフにした立像を眺めて感嘆した。この童こそ、この布に嘘の誓いをたてた罰で、あっという間に大理石に変えられ長く人の見せしめされたものであると伝えられている。

アルカラは、旅の順路であった。アスカニオ・コロンナ殿（Signor Ascanio Colonna）、並びに、アルミランテ大公（Duca Almirante）のご子息は、多くの騎馬の騎士を随行して四少年を出迎えた。ここでは、懇願に逆らえず、4日間逗留したが、四少年を慰めようと、人々は、様々な趣向をめぐらせた。中でも前にも記したが、アスカニオ殿は、一日中その館に招待して、ローマの宮廷にも劣らない晩餐を振舞った上に、美しい舞台劇を開催し、その最後に、真珠貝で美しく装飾した一張のクライチェンバロを四少年に贈呈された。これは、わざわざローマから取り寄せたもので、とても高価な品物であった。

さて、いよいよマドリッド行き、再び、スペイン国王フェリペ二世陛下に拝謁し、陛下は、とても満足して下さった。また、トレドの枢機卿を尋ねた。マドリッドを出発して、オロペザの地を過ぎ、この地の伯爵より素晴らしい歓待を受けた。

この地を出発すればポルトガルの国境である。何よりも先に、ブラガンザ公（Duca di Braganza）、及び、御母カテリーナ妃（Signora Donna Caterina）の館に参ると、晩餐会等の祝典や狩りの他、様々な催しが用意されており、この上ない歓待を受け、四少年は、大いに満足した。

さて、この地に別れを告げ、エヴォラに赴くと、エヴォラの司法長官、その他の主だった人々が四少年を出迎えて下さった。騎馬の者だけでも２００人以上、徒歩の者は、数えきれないほどであった。大司教ドン・テオトニオ台下のことは、常に、四少年たちがこの地に来た時に記しておいたが、このたびも、また、イエズス会の聖堂において、多くの役職のある司祭国を随行させ、手に十字架を持ち、教会の門のほとりまで出迎えて下された。テ・デウム・ラウダムスの聖歌は、素晴らしい演奏によって唱われた。大司教台下は、いつも通り変わりなく、四少年を労わり、自らその居室まで案内して下されたのである。その後も、四少年が、このエヴォラに滞在した10日、或いは、12日の間は、絶えず真心をもっておもてなし下さり、しばしば、四少年を傍に呼んで歓談し飽きることがなかった。四少年との別れの時には、素晴らしい品を贈って下さった。その品は、とても高価な物であり、また、荘厳な物であり、これをお金にすれば数千スクーディ（千スクーディは、2000万~3000万円）になるものであった。

イエズス会修道院のコレジオに、多くの学生たちが、クラスに分かれ学修していたが、四少年のために、とても慎み深く重々しい歓迎の儀式を行ってくれた。流麗な典雅の演説を述べ、また、四少年を主とした2曲の舞台劇を行った。その後も、日ごとに、各々のクラスの人々が、我も我もと歓迎の催し物を行い、最後の日に、牧場を主とした舞台劇の式典が開催された。四少年のみならず、そこに居た全ての人々は、皆、この上もなく満足した。

ポルトガル国の総督であるアルヴェルト・アウストリア閣下の遣わした兵船に乗り、四少年は、また、その旅を続け、リスボンに到着し、翌日は、閣下の許に参り、とても丁寧に真心を込めて四少年を引見し、再び、目出たく帰って来たことを祝い、このたびも、また、前と変わらず四少年を歓待してくれた。その後、1日、イエズス会の諸々の学校を見に行った。そこでは、人々が絹布や絨毯で居室を飾り、四少年の使命を題材にした興味深い舞台劇を催して四少年を出迎えた。

これから、インドに向けて乗船するまでには、まだまだ、長い時が残っているので、コインブラに行き、世にも名高い大学の地を見物することが良いであろうということになった。その地に行ってみると、主教台下、並びに、街の司法官は、街の門の外まで出迎えて下さり、我先にと争ってくる群衆と共に、ラッパの響き、人々の歓喜の声の中、四少年をイエズス会コレジオのお御堂まで先導した。このコレジオでは、素晴らしい音楽が奏でられ、美しい祈りが読まれた。そして、とても美しく装飾された居室に入った。ここに滞在した20日間は、様々な催しによって飽きる日はなかった。学校では、舞台劇、また、崇高な悲劇が催された。四少年、そして、司教台下、並びに、多くの貴人たち、その他に多くの学生たちが集ったのである。

コインブラの帰りに、バッタリアアと呼ばれる名高い修道院に立ち寄った。同じ地名に由来するのである。また、アルコバッサ（Alcobassa）の修道院にも訪れた。修道院長は、司祭の正装を着て手に牧杖を持ち頭にミトラ（司教の帽子）を被り、その教会の大切な宝を守る役職がある神父たちを従え四少年を教会の門で出迎えた。

さて、この地を出発して、古より名高い霊場ナザレのマドンナ（Madonna di Nazaret）に行き、ここを経て、リスボンに戻った。今後、心配や心残りが無いように、長旅の準備を整えるためにリスボンで出発の日まで日々を過ごした。その滞在の間、スペイン国王フェリペ二世陛下は、今迄に無いほどの御恵みを、四少年に与えようと望まれた。四少年がポルトガルに滞在の間は、陛下の自ら手元の費用で充分な接待をして下さり、また、素晴らしい錦襴の衣装を作らせて下賜して下さった。また、インドに渡る迄の路銀は、全て、スペイン国より支出する事を御許可下された。そして、その年にインドに向かう最も堅牢な第一の船を、四少年に遣わせ、また、長旅の間のあらゆる食料を調達して下さった。その他に不慮の用途として、4000スクーディ（8000万~1億2000万円）のお金を与えて下さった。また、インドに勅命を出して下さり、その地より日本に至るまでの全ての路銀を支出し、また、その地において4頭の駿馬を選び四少年に取らすべきことを御命じ下さったのである。とても有難い限りであった。このようにして、準備が全て整い、四少年は再び船に乗り込んだ。残念にも、暫くの航海の後、しけに遭い、また、リスボン近くまで吹き戻されたが、やがて、順風が来て、出帆がかなった。

それは、１５８６年四月十三日のことであった。その後も、常に、大海原の波風と戦わなくてはならなかったことは、説明する必要はないだろう。誰でも、四少年の歴史を読む者は、我らの主イエズスが、どんな危険な時でも絶えず四少年を御加護して下さったことを知り、感動し、祈りを捧げる心を起こさぬ者は、居ないからである。

第十五章
『四少年の容姿、並びに、その生き様について』

千々石ミゲル

伊東マンショ

中浦ジュリアン

原マルチノ

世間の多くの人々は、四少年を親しく見ることが出来なかったので、その様子、姿、特に、その服装のことを知りたがるであろう。よって、詳しいことは避けても、手短に、それらのことについて書き添えることにしましょう。

先ず、四少年の年齢は、どれほどかと言うと、ローマ到着の時には、皆、18歳前後であった。身の丈は、普通よりもやや低い方であるが、それは、日本人の平均した身長であり、著しく背の高い人は、居ないということである。その顔の色は、日本国にあっては、白いと言うが、極寒に長く晒され、また、不慣な長旅の後のため、日焼けしており、褐色、若しくは、オリーブ色に近い。目は小さく、視力が極めて良い。鼻は、下の方が広がっていた。顔は、痩せてもおらず太ってもいない。容姿は徳があり高貴である。様々な気候や食事の変化、長旅の艱難辛苦の疲労など、時期は異なっても、四少年は、病に侵されたが、四少年の気概は、健豪勇敢で少しも怯むことが無い。

飲食は、年齢もあって酒は飲まない。これは、一には、四少年の自己に対する慎みと厳しさによるものであるが、また、一つには、日本國の風習にもよる。四少年は、いかなる酒も少しも飲まず、唯、少し熱湯を飲むばかりである。それも食事の後に、唯一度だけで、これもまた、日本の習慣だということである。四少年の節制に加えて、その変わった習慣も記そう。例えば、食前に出された前菜を日本人は、食べ尽くさない。いつも少し残しておく。なぜかと言えば、食欲は、卑しいものなので、これに打ち勝たなければならないと言うことである。よって、この欲に打ち勝つことは、貴き行為と見做されるのである。

飲食のことは、先に述べたように、日本國にあっては、我々の国柄とは、とても異なるところがある。先ず、地上に座らなければならない。各自、その傍らに、四角の机を置く。これ即ち、小型の食卓である。食事と共に、あちこちに運ぶことが出来るのである。よって、四少年も、それに慣れていたが、今や、我らのように椅子に腰かけ、我らの食卓について食事する。

日本国のしきたりよりも、我々の方がはるかに便利であったであろう。言語は、どのようなものかと言うと、皆、一通りポルトガル語を理解した。四少年の一人は、よどみなくスペイン語を話すことが出来た。しかし、他の国の人々と会話する時は、日本語以外は使わず、通訳を通して、その意志を伝えたのである。イタリア語は覚えず、ただ少しばかり知るほどであった。ラテン語も多少は習っていた。しかし、旅やその他の障害で文法を知るということ以上には、出来なかった。文字については、日本國のものとは違っているにも拘らず驚くほど、巧みに書いた。

本当に四少年は、優れた感性が認められ、学問であれ、文学であれ、音楽の道であれ、素晴らしい上達を示し、短い月日の間に様々な楽器の演奏を覚え、取り分け、クライチェンバロ（ピアノ）には、とても熟練していた。そういう才能は、素晴らしい知性と高い徳の上にあり、その年齢に比べて遥かに優れて見えた。よって、その挙動と言動には、若者というより思慮深い年長者のような分別と重厚さがあった。お互いの間にも、家に居ても、また、親しい人々と交流しても、その作法は、いつも慎重で無礼で粗野なことは、少しも無かった。その分別の例として、次のようなことがあった。四少年は、何を見ようと、何を聞こうと、瞠目し驚嘆するようなことは、決して無かった。そうとは言え、心の中では、それらの物事に対し、感嘆し、また、親しい人々の間では、その価値を褒め称えていた。

家での日常の談話も、とても高雅で人に対して、無作法なところは少しもなかった。この徳高い行いの証は、日本國の礼儀は、我らのものとは、とても異なっていたにも拘らず、短い月日の間に、信じられないほど、厳しい習得をし、また、行えるようになったのである。その礼儀正しさは、長い年月の間、我らの宮廷で育ったかのようであった。

四少年の徳高い信仰については、本当に主の教えの新しい果実であり、四少年こそ日本國カトリック共同体の果実の第一の恵みを味わうものである。貴き主イエズスの掟に背くようなことから、常に、遠く離れており、尚、信心のために、四少年は、進んで修行に勤しんでいるのである。

四少年について、より尊敬すべきことは、皆、年若く、その旅は、厳しく問題も多々あり、また、多くの諸王侯や関係各位より絶えず尊敬と歓待を受けたのにも拘らず、その行いに少しも増長することが無かったのである。朝夕の祈り、修行は、日中の旅路の中で、どんなに忙しい中でも、これらを怠らなかったのである。日々、参加するミサには、慎み敬う心を傾け、その魂を慰めることを忘れなかった。毎週、懺悔をなし、時としては、一週間の間に、しばしば行った。毎週日曜日、懺悔を聞く神父に対し理由があって日を変更しない限りは、必ず御聖体拝受を与《さず》かった。この貴き御聖体は、大体、神父が用意し、常日頃、素晴らしい祈りをなし、厳格な戒律をもって御聖体拝受を与《さず》かった。

また、毎週金曜日に断食を行った。その他、日々の晩餐も厳格に節制し、晩餐というよりは、むしろ、節制と称する方が相応しかった。

精神的なこと、キリシタンとしての道徳の高いこと、例えば、謙遜、自らを卑下すること、世俗、独占欲を軽んずることが無いように、四少年は、心を傾け精進して修行を為したから、主イエズスは、四少年に大いなる名誉をもたらして下さり、四少年は、まるで出家のように、また、聖人に成ること（修善、善行を積むこと）

に専念する人のように見えた。四少年は、常に、精神的なことについてのみを議論し、問答し、傍で聞くものは、とても楽しみであった。四少年の信心深い、多くの例がある。

ここでは、唯、一つ二つのみを記すことにしよう。聖者らの遺物のひとかけを渇望して、これを貰い帰国することを切望したが、それは、すぐに得られる物であり、四少年も急いでいたのだが、それでも、直ぐに、聖遺物を貰おうとはしなかった。幾日かの日が過ぎて、謹んで重々しく聖遺物を受けるために多くの祈りを捧げ、また、さらに、その望みを告白して、その日を待った。貴きものに対して、これほどの尊敬をなし、自らそれを手にする資格が無い者と己を卑下していた。

四少年は、ヨーロッパ及び、多くの昔からのキリシタンをとても尊敬していたので、四少年に少しも疑念を抱かせてはいけないと、また、その尊敬の心を傷つけるような世俗の事柄が目に入らぬようにすることを、人々は、とても骨を折った。その宿舎を、常に、出家の修道院に定め、また、外出する際には、必ず案内を着けたのも、その理由であった。

全て四少年の気に障るような物は、見せないようにしたが、万一、目や耳に入った時でも、その事柄の良いところだけを説明して、悪いことは、ひた隠しに隠し尊き偽りに導いた。さもないと、日本國のキリシタンが誤った判断を取り入れて、先に述べたように、四少年の使命の目的にも叶わない結果に成ることが必定だからである。人々のこのような骨折りの甲斐があって、格別の主イエズスの御加護と御恵みによって見事にこの事業は成就した。

スペインやイタリアでは、偉大、富、壮麗な物事を見聞きした上に、その諸王侯、貴族、共和国から、考えられないほどの歓待、真心、御厚情を受け、取り分け、日々、有難いことに教え込まれてあったパパに謁見が叶い、その上、パパ・グレゴリオ十三世とパパ・シスト五世の2代にわたる両ローマ教皇聖下からは、四少年のみならず、日本國にも御慈悲と真心を賜わり、四少年の喜びと満足は、言葉にすることが出来ないほどであった。

よって、四少年は、皆、心正しく、且つ、分別のある者であったので、ローマに滞在している間にも、常に、こう言っていた。『貴き主イエズスの御力により、私たちが日本國に無事に帰国することが出来たならば、キリシタンにも、その他の人々にも己が眼で見た物事の全てを伝え弘めます。主イエズスの祝福と栄光を賛え、また、ローマの貴き御聖座と貴き牧者であるローマ教皇パパ・シスト五世聖下を奉り知らしめることは、必定であり、日本國の大いなる果実の実りを納める尊き御役に立たせて頂きます』と。

しかし、全ては、四少年が無事に帰国出来たならば。

（本書において四少年の記述は、第二章から第十五章の全14章で御座居ます。主イエズス・キリストが十字架にかけられ、降ろされ、墓に埋葬されるまでの『十字架の道』も14場面で御座居ます。原作者のグィード・グワルティェリ氏が意識して編集したか定かでは御座居ませんが、これも、主イエズスの格別の御摂理かもしれませんネ　著者）

Ito Don Mancio　伊藤　マンショ

Chigiva Don Miguel　千々石　ミゲル

Martim do Campo　原　マルチノ

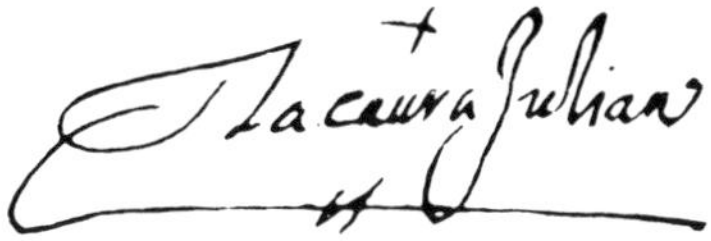

Nacaura Julian　中浦　ジュリアン

ると「うるせえ、じじい！」と上杉氏が返す事もあり、私が「まあまあ」と宥める事も何回か御座いました。これは、ヨゼフ神父と上杉氏が、本音と冗談が言い合える程の深い信頼で繋がっており、この深い信頼を土台として、二人の妥協なき四少年への想いと責任感こそが、細緻な作業が必要であった本著書を傑作にしたと言えるでしょう。

著者の上杉宗聖氏は、日本史、キリシタン文化は元より、国際政治、貿易、書や古美術等に精通しており、生きる姿勢と覚悟は、現代の侍です。その一方で、いつもユーモアたっぷりに周りの人を笑顔にさせる愛情深い御人柄です。上杉氏は、自身が脚の特定疾患難病であり、じっと座っているのですら困難でありながら、本執筆にあたり直向に机に向かい、本書を2年8か月かけて完成させました。上杉氏が御出身の宮崎県西都市は、今年生誕450周年である伊東マンショの生誕地です。本書がこの記念すべき年に出版される事は、偏にマンショの御導きと、上杉氏の強く継続的な意志によって、御摂理に成し遂げられたもので御座いましょう。

本書を完成させた、この四人こそ、天正遣欧使節の四少年を心から敬い、その意志と覚悟を引継いだ現代の四少年ではないでしょうか。この四人の戦士達は、本書の四少年のように、日本と西洋の国際親善を心から願い、その願いをこの本に凝縮したと言えるでしょう。

弊会は、本書の四少年に加えて、この現代の四人の戦士を心から学び、敬い、そして、未来の子供達に、四人の生き様を伝承していく事こそ肝要と存じます。

本書の出版にあたり、御協力頂きました関係者の皆様に、心より深く感謝の意を申し上げます。本書は、誰よりも私が読みたいと思っております。

小木　智彦

一般社団法人 天正遣欧使節顕彰会 代表理事

天正遣欧少年使節記の刊行に寄せて

本書の出版において、欠くことのできない四人を御紹介させて頂きます。

ドメニコ・ヴィタリ神父（日本二十六聖人記念館館長）は、老若男女、誰からも愛され、皆に笑顔を贈る温かい神父様です。長崎駅のレストランを歩いている子供達に、優しく声をかけ、肩に触れ、笑顔を交わされる、愛情が滲み出た神父様です。そんなヴィタリ神父と著者上杉氏が出会い、本著書の貴重な原本を、ヴィタリ神父が上杉氏に託した事は、二人の深い信頼関係があってこそで御座いましょう。皆様にも、本著書の所々にヴィタリ神父の愛情と優しさを感じて頂けると思います。

レンゾ・デ・ルカ神父（イエズス会日本管区長）は、日本二十六聖人記念館の元館長であり、親しみ易い御人柄で、万人から信頼され、敬われている神父様です。キリシタン文化に精通していたレンゾ神父が、天正遣欧使節について詳細に研究していた上杉氏と出会い、互いに深い信頼関係を築いた事は想像に難くありません。それは、学術的な知識に対する相手への信頼と尊敬のみならず、真摯に四少年と向き合う姿勢と覚悟、そして、四少年を後世へ伝えて行く未来への責任感という点で、二人が共鳴し、大きな信頼が互いに育まれ本書を完成させたと言えましょう。

本書のストーリーテーラー、ピアッティ・ヨゼフ神父は、備前焼を愛し、博識で、いつも的確で鋭い御言葉を頂ける愛情溢れる神父様です。本著書の出版は、ヨゼフ神父の夢であったと御聞きしております。上杉氏との翻訳は1日、３～4時間に及び、あまりに真剣で厳しい議論の中「上杉さん、出て行きなさい！」とヨゼフ神父が仰

の本を出版する意味があると、私たちは考えました。現代の日本人に、親しまれていない細かい描写があるとはいえ、グワルティエリの記述は、現代のレポーター的な、恰も目の前にて出来事が起こっているかのような描写に思わず引き込まれます。同時に、本人にしか出さない情報や観点があり、専門家から見ても注目を集めるべき事項が御座います。

願わくば、この日本語口語体を通して、日本と世界のより友好的・建設的な関係を深め、教皇フランシスコの訪問を通して、何世紀に渡って築き上げられた絆が深められますように、心より祈念申し上げます。

デ・ルカ・レンゾ
イエズス会日本管区 管区長

少年使節について
グワルティエリの日本語訳出版に寄せて

日本から命がけで海を渡って当時の教皇グレゴリオ13世、並びに、シスト５世との謁見を遂げた、天正遣欧使節の史実そのものは知られています。しかし、その歴史的な出来事の詳細については、専門家に任せられている領域とも言えます。それは、適切な日本語版が出版されなかったからだと私は見ています。例えば、同年代のヨーロッパ人に読みやすい、ルイス・フロイスの『日本史』は、約50年前に日本語訳が二通りに出版され、一般的に読まれて、文庫本の形で現代にいたって親しまれてきました。少年使節の教皇謁見についてもやはり、専門家向きの公式記録と並んで、一般向きの本が出版されていました。ルイス・フロイスは、天正遣欧使節の出来事が、人気を集めると思い本を書きました。しかし、『日本史』と異なって日本語訳が出版されても注目を集めませんでした。詳細を省きますが、当時も今も読みやすくて日本人に親しまれそうな天正遣欧使節のことを記録した本といえば、1586年にバチカンより出版されたグィード・グワルティエリの著書であります。

今回、当時と同様に、読みやすく、ユーモアを保ちながら日本語で出版できる事は、大きな喜びであり、日本人の誇りであるべき史実を再発掘する機会となります。なぜ、今になって、と問いたくなる事と思います。それは、今年こそ、少年使節が謁見した後継者の教皇フランシスコが来日することになったからです。したがって、この本は、教皇と日本の交流が、およそ450年前に始まり、今日に至り続いていることを意識させる本でもあります。キリスト教の迫害があったからといって、日本とヨーロッパがいつも対立したわけではありません。むしろ、その迫害以前、他の国が真似できないほどに素晴らしい外交官がいたことを再評価すべきであり、今回、こ

There is more happiness in giving them receiving.
Thou shouldst eat to live, not live to eat.

何かを貰うより
何かを与える事は
幸いである

人は喰う為に
生きるのでは無し
生きる為に
喰うのである

聖塵

己亥令和元年吉日

参考文献

結城了悟『ローマを見た』日本二十六聖人記念館　一九八二年

『日本二十六聖人記念館　所蔵品カタログ』

日本二十六聖人記念館　二〇一七年

―謝　辞―

本書発行にあたり、ローマ教皇フランシスコ様をはじめ、各教区 大司教様、各国大使の皆様、多くの方々より心の籠ったメッセージをいただきました。

また、編集において、貴重な作品や史料のご提供、調査にたくさんの方々からご協力を賜りました。

関係各位、すべての方々に、この場をかりて厚く御礼申し上げます。

誠にありがとうございました。

遺産 LEGACY

原　作　『天正遺欧使節記』グィード・グワルティエリ　一五八六年　ローマ
翻訳／著者　上杉　宗聖
ストーリーテラー　聖ザベリオ宣教会　ピアッティ・ヨゼフ神父
〃　イエズス会　日本二十六聖人記念館館長　ドメニコ・ヴィタリ神父
監　修　イエズス会日本管区長　デ・ルカ・レンゾ神父
制作協力　一般社団法人　天正遺欧使節顕彰会　代表理事　小木　智彦
顧　問　サレジオ会　ウンベルト・カヴァリエレ神父
監　事　橋口　勝吾
〃　伊東マンショ顕彰会　会長　日高康弘
DTP　フォレスト
装　丁　NONdesign 小島トシノブ
写真協力　日本二十六聖人記念館
写真協力　DEITz（ディイツ）株式会社
写真提供　ゲッティ イメージズ
発行者　原　雅久
発行所　株式会社　朝日出版社
〒一〇一―〇〇六五　東京都千代田区西神田三―三―五
TEL　〇三―三二六三―三三二一
FAX　〇三―五二二六―九五九九
印刷・製本　図書印刷株式会社
ISBN978-4-255-01149-3 C0020
Printed in Japan

LEGACY

遺産

「刊行によせて　メッセージ」

Un intercambio enriquecedor y ejemplar

Es una gran alegría para mí ver que la historia del encuentro entre el Papa y los Cristianos Japoneses que tuvo lugar en el 1585, y que fue floridamente narrada por Guido Gualtieri, vuelve a hacerse pública traducida al japonés. Y lo es en especial porque este año es el año de un re-encuentro entre el Papa y el Pueblo japonés, esta vez en las tierras tan queridas por San Francisco Javier y en donde se formaron los Cuatro Jóvenes (uno de ellos Mártir y Beato) que fueron a ver al Papa Gregorio XIII. Espero que esta publicación sea motivo de afïanzar los lazos de Paz y comprensión mutua.

Vaticano, 20 de agosto de 2019.

Francisco

充実した模範的な出会い

今回、ギド・グアルティエリが華やかに記した、1585年の教皇と天正少年使節との出会いが日本語訳で出版されることになり、喜ばしく思います。特に、今年は教皇と日本国民との再会の年になるからです。

今回は聖フランシスコ・ザビエルが愛した国、1585年当時教皇のグレゴリオ13世に謁見した少年使節を育てた日本での再会になります。その少年使節の一人は後に殉教し福者と認定されました。

この出版が相互の理解と平和を深めるきっかけになりますように。

ヴァチカンにて、2019年８月20日

フランシスコ

「天正遣欧少年使節物語」邦訳出版に寄せて

少年らローマを見たり秋の声

1586年にバチカンで出版された、「天正遣欧少年使節物語」（グィード・グワルティエリ原著）が、上杉宗聖氏の邦訳で出版されるということは、大変大きな喜びであります。

本年は、フランシスコ・ザビエルによる、日本へのキリスト教伝来470周年であり、天正遣欧少年使節団の首席正史・伊東マンショの生誕450年の記念すべき年でもあるということです。

1585年に当時のローマ教皇グレゴリウス十三世との謁見は、４人の少年たちに大きな感謝と情熱と希望を与えたようです。特に、中浦ジュリアンは、人生最後に、「私はローマを見た、中浦ジュリアンである」と言ったとのことです。ローマを見たことや教皇との特別謁見を人生の大きな力としていたようです。

今年来日する現教皇フランシスコは、現代の若者たちに、「あなたたちは未来をではなく、今をしっかり生きてください」と語りかけています。４少年たちが、「今」をしっかり生きたように、現代の若者たちが、「今」を大切にしっかり生き、そして、大きく未来につながっていきますように祈ります。

+ A. Thomas M. Maeda

前田万葉

カトリック大阪大司教区　大司教・枢機卿

推薦の言葉

人生は、ありとあらゆる挑戦の連続であり、それに立ち向かう冒険の連続でもあります。はじめからその結果がわかっていたのでは、誰も挑戦に応えて、冒険に旅立とうとはしません。その結末が未知であるからこそ、少しでも良い結果を生み出そうと、わたしたちは努力を続けていきます。

キリストを信じるものにとっては、挑戦は、神の福音を多くの人にのべ伝えることであり、それに応える冒険は、今いる安住の地を離れて、時に海を越え山を越え、未知の人々のところへと出向いていく旅路です。

470年前に、その挑戦に応えて、海を越えた冒険の末に、聖フランシスコ・ザビエルは、日本に到達しました。キリストの福音を携え、神の教えを伝えるために、荒波を乗り越えて日本へやってきたのです。

ザビエルが伝えたキリスト教は、その後、多くの人の人生に変化をもたらすことになりました。その一つが、1582年に日本からローマへと派遣された、伊東マンショ、千々石ミゲル、中浦ジュリア、原マルティノの四名の少年たちの冒険でありました。

今の時代からは想像もできない苦難の末にヨーロッパに到達した四人の少年は、言葉も文化も異なる地にあって、多くの人たちに歓迎され、人類の一致の絆を肌で感じたことでありましょう。

現代に生きるわたしたちが、四名の少年使節の、挑戦に応える冒険の精神に学び、安住の地を飛び出して世界へと飛び込んでいき、人類普遍の共同体における相互の絆を発見することは、世界の平和の確立につながっていくものと確信します。

＋菊地功

菊地功

カトリック東京大司教区　大司教

駐日ローマ法王庁大使
ジョセフ・チェノットゥ大司教からのメッセージ

駐日ローマ法王庁大使として、天正遣欧少年使節の物語が、日本語で出版される運びとなりましたことは大きな喜びであり、心よりお祝い申し上げます。

少年使節は、イタリア、スペイン、ポルトガル等、世界各地を旅しました。物語を読むと、四人の少年たちの旅は、たえず危険にさらされる船旅であり、旅というよりも苦難と犠牲に満ちた「巡礼」であったと言えるでしょう。一人の神父に支えられ、助けられながら、彼らは、1582年２月20日に長崎港を出港し、家族からも遠く離れ、多くの困難に遭遇しながらも、８年にわたる長い年月の末、1590年４月に帰国しました。

この四人の少年たちが残した模範、その中の一人、中浦ジュリアンは福者に列せられていますが、彼らの生き方は、ややもすると自分の小さな世界に閉じこもって生きてしまいがちな現代の若者たちの心を動かし、勇気を与えてくれることでしょう。

1585年３月23日、少年たちは当時の教皇グレゴリウス十三世との謁見を果たしました。

日本と聖座、この歴史的な相互の出会いと認識は、キリスト教弾圧時代には一時途絶えたものの、後世に継承されるものとなり、1919年、最初のローマ法王庁使節館が東京に設置される道へと繋がっていきました。

日本と聖座の外交関係は、2019年11月23日～26日に予定されている教皇フランシスコの訪日を通してより一層その絆が強められることと思います。

ちなみに、四人の少年使節の姿は、バチカン図書館の壁画に描かれ今も残っています。

駐日ローマ法王庁　大使

ジョセフ・チェノットゥ大司教

NUNTIATURA APOSTOLICA
TOKYO

Tokyo, 10 ottobre 2019

Come Nunzio Apostolico in Giappone e` con gioia che mi congratulo per la traduzione del dettagliato racconto del viaggio di quattro ragazzi Giapponesi, fatto a Roma,Spagna e Portogallo.Leggendo il racconto si puo`capire che piu`di un viaggio e` un pellegrinaggio, pieno di sacrifici e di pericoli, con navi scomode e pericolose. Assistiti da un sacerdote possono sopportare non pochi sacrifici e la lontananza dalle loro famiglie per ben otto anni. Partono da Nagasaki il 20 febbraio 1582, per ritonarvi ad aprile del 1590.

Spero che l'esempio di questi ragazzi, uno di loro Beato Julian Nakura, possa essere di stimolo ai giovani d'oggi, molte volte chiusi nel loro piccolo mondo. Andando in Europa hanno avuto contatto con nuove popolazioni, hanno visto un'altra maniera di vivere, una nuova cultura, per loro il mondo e` diventato piu`grande.

Il 23 marzo del 1585 sono ricevuti in udienza dal Papa Gregorio XIII. Questo riconoscimento reciproco tra il Giappone e la Santa Sede, interrotto durante le persecuzioni, ha continuato con la fondazione della prima delegazione apostolica a Tokyo nel 1919 e con i rapporti diplomatici che saranno ulteriomente rafforzati con la Visita in questa nobile Nazione di Sua Santita' Papa Francesco dal 23 al 26 novembre 2019.

Il viaggio dei quatro ragazzi e`immortalato da un dipinto murale che si trova all'ingresso della Biblioteca Vaticana.

+ Joseph Chennoth

Joseph Chennoth

Apostolic Nuncio

EMBAIXADA DE PORTUGAL
TÓQUIO

駐日ポルトガル大使
フランシスコ・シャヴィエル・エステヴェス閣下
からのメッセージ

1584年、天正遣欧少年使節の一団は、２年間に及ぶ航海の後にまずリスボン港に上陸しました。ローマ教皇への謁見を目的とした旅でした。

一団はローマへと向かう前にポルトガルにしばらく滞在し、各所を巡りました。エヴォラでは彼らが大聖堂で弾いたとされるパイプオルガンが現代も現役で演奏されています。また、のちに王朝を築いたブラガンサ公爵家がエヴォラ近隣のヴィラ・ヴィソーザにある宮殿に一団を招き、同年代の若き公爵と親交を持ち、その母は慈しみをもってもてなしたという記述もポルトガルには残っています。

また、ローマから戻り日本に向けて出発する前にも、彼らはポルトガルでしばし時を過ごし、クリスマスを学問の都コインブラで過ごしたり、バターリャ、アルコバッサの大修道院を訪問したり、のどかな漁村ナザレを訪れるなど、一行の足跡をたどるだけでポルトガルの主要な観光名所を巡れるほどです。

長い航海の後に初めて踏んだヨーロッパの地であり、日本に向けて出発する前に最後の時を過ごした地でもあるポルトガルは、４人の若者の胸に温かい思い出を残したことと思います。

ポルトガルと日本、両国にとりましても天正遣欧使節を顕彰することは非常に重要と考えております。ポルトガルを代表して本書にメッセージを贈らせていただきますことは、わたくしにとりましても大きな喜びと名誉でございます。

フランシスコ・シャヴィエル・エステヴェス

駐日ポルトガル大使

駐日スペイン大使
ホルヘ・トレド・アルビニャーナ閣下からのメッセージ

スペインと日本の関係は長い歴史を誇ります。スペインのように日本と歴史を共有する国は西洋諸国では少なく、近年では両国にとって歴史的に重要な２つの出来事を祝う記念行事が行なわれました。1613年に日本から派遣された慶長遣欧使節団がスペインに到着した時に両国間交流が始まったとして「日本スペイン交流400周年」が2013年から2014年にかけて開催されました。この慶長遣欧使節団は、千葉県御宿沖で難破したガレオン船サンフランシスコ号のスペイン人乗組員と徳川将軍家康の謁見がもたらした結果です。そして昨年2018年には、現在我々が二国間の外交関係樹立と認識する1868年の修好通商航海条約締結を記念する150周年行事が行われました。

しかし、実は、慶長遣欧使節団が派遣される前に、スペイン人と日本人の間で既に交流関係が始まっていました。1550年頃、ポルトガルとスペインの宣教師たちが伝道のために日本の海岸に上陸し、僅か数年の間に何千人もの日本人をキリスト教に改宗しました。今日でも日本の学校では子供たちがフランシスコ・ザビエルを歴史上重要な人物と捉え学んでいます。

更に、天正遣欧使節団という交流の歴史があります。日本でもスペインでもこれまであまり知られていませんでしたが、幸いにもその重要性が評価され始めています。キリスト教の布教がいかに成功を収めているかを伝えるため、３人のキリシタン大名が４人の日本人青年たちから成る使節団をローマに派遣しました。マラッカ海峡を越えてインドへ、そしてリスボン、さらに陸路でマドリードへ向かった彼らがフェリペ２世の歓待を受けるという歴史的・英雄的偉業を成し遂げたのです。その後はアリカンテとムルシアに向かい、そこからイタリアを目指しました。

スペイン大使として、グイド・グアルティエリによる著名な年代記の現代日本語訳の出版に際し、お慶び申し上げます。翻訳本の出版は、この歴史的な出来事を日本で一層広めることに大きく貢献することでしょう。また、貴会のご尽力のおかげで、我が国も天正遣欧使節団のスペイン来訪に再び思いを馳せることでしょう。そのような意味で、去年上智大学で行なわれた「天正遣欧使節とフェリペ２世」は、非常に意義のあるシンポジウムだったと言えます。

この素晴らしい事業に取り組む天正遣欧使節顕彰会に、心より感謝申し上げます。

ホルヘ・トレド
駐日スペイン大使

El Embajador de España

MENSAJE

Las relaciones entre España y Japón tienen un largo recorrido histórico. Pocas naciones de Occidente tienen tanta historia común como nuestros dos países; y en los últimos años hemos tenido ocasión de conmemorar dos hitos históricos fundamentales. Un Año Dual España-Japón recordó entre 2013 y 2014 la Embajada Keichō, que precisamente en 1613 arribaba a España y suponía el comienzo de las relaciones institucionales entre nuestros dos países. Esta Embajada era consecuencia del encuentro que se había producido entre los marineros españoles del galeón San Francisco que naufragaran frente a las costas de Onjuku, en la prefectura de Chiba, y el Shogún Ieyasu Tokugawa. Y el año pasado, 2018, celebrábamos también conjuntamente los 150 años del "Tratado de Paz, Comercio y Navegación" que en 1868 diera comienzo a las relaciones diplomáticas entre nuestros dos países, tal como las entendemos de manera moderna.

Antes, sin embargo, de la Embajada Keichō había habido ya relaciones históricas entre españoles y japoneses. Misioneros portugueses e hispanos habían llegado a costas japonesas en torno a 1550 para llevar a cabo una evangelización que, en pocos años, hizo que hubiera miles de japoneses convertidos al cristianismo. San Francisco Javier es todavía hoy un personaje histórico que estudian los niños japoneses en el colegio.

La Embajada Tenshō es otro de esos hitos tal vez no suficientemente conocidos hasta ahora en Japón y en la propia España y que comienzan afortunadamente a ponerse en valor. Para dar cuenta del éxito que la evangelización estaba teniendo, tres daimios convertidos al catolicismo enviaron a cuatro jóvenes japoneses con la idea de presentar en Roma un testimonio de este éxito. El viaje es una legendaria epopeya que los hizo atravesar los estrechos de Malaca para llegar la India, de ahí a Lisboa y por tierra a Madrid, donde los recibió Felipe II. Siguieron luego camino hasta Alicante y Murcia, para embarcar rumbo a Italia.

Es una satisfacción como Embajador de España saludar el esfuerzo de esta edición de la legendaria crónica de la Embajada Tensho que escribió Guido Gualtieri traducida al japonés moderno, que ayudará a dar merecida difusión entre el público japonés de este histórico viaje. Este esfuerzo contribuirá sin duda también a recuperar la parte española del recorrido de los cuatro jóvenes. Se suma así al congreso que el año pasado organizó la Universidad de Sofía bajo el título "La Embajada Tenshō y Felipe II".

Agradezco mucho a Tensho Kenoho Shisetsu Kenshokai este notable trabajo.

Jorge Toledo

Ambasciata d'Italia
Tokyo

駐日イタリア大使
ジョルジョ・スタラーチェ閣下からのメッセージ

日本初の遣伊・遣欧使節の偉大なる冒険を一般向けに紹介した本書が刊行されることを、大変喜ばしく思います。伊東マンショが主席正使を務めた天正遣欧少年使節は、1585年にイタリアの地に到着し、日伊両国間で初となる公式の交流関係を結ぶ上で大きな役割を果たしました。このことがきっかけとなり、両国間には特別な友情が生まれ、今日に至る緊密な政治的、経済的、文化的パートナーシップが築かれました。

長く困難な旅を経て、高貴な身分のカトリックの少年たちから成る小さな使節団が遠くヨーロッパを訪問したことには、極めて重要な意義があります。第一に、ローマとカトリック教会が体現する力強い偉大な価値観を広めることができました。それまで日本の上流階級の間では、アジアを訪れたキリスト教の宣教師たちが伝えた物語に基づく曖昧なイメージしかありませんでした。そして第二に、島国である日本の文化や日本との関連性の深さについて、イタリア人やヨーロッパ人の理解を促すとともに、将来的に日出ずる国とイタリアとが正式な国交を樹立する流れを生むことができました。

伊東マンショはその使命の一環として、フィレンツェ、ナポリ、マントバ、フェラーラ、ベネチア、そしてミラノと、16世紀末のルネサンス期のイタリアの王宮を訪れる機会がありました。これらの接触は、外国から公式の使節団を受け入れて経済的・政治的提携関係を結んだイタリアの貴族階級がどれほどオープンであったかを表すだけではありません。この出会いは、日本の使節団の若いメンバーたちにとっては、イタリアの国や都市、習慣、またイタリアを形作るモザイク的な「美」についての理解を深める機会となりました。

そのため私は、これほど大掛かりな歴史的偉業の記憶を丹念に拾い集めるという途方もない取り組みを行った天正遣欧使節顕彰会に感謝いたします。今年中に来日予定のローマ教皇フランシスコも、同様の思いを抱かれていることでしょう。

最後に、日伊両国を結ぶ素晴らしい友好関係は、感性が近い者同士は地理的な距離を超えて共鳴し合えるということを象徴しています。本書はそのことを末永く訴え続けるでしょう。ぜひ本書を心ゆくまでお楽しみください。

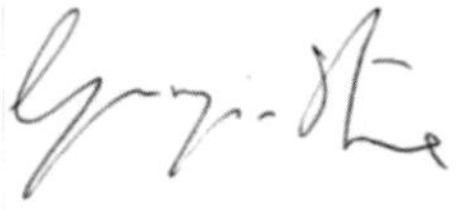

ジョルジョ・スタラーチェ

駐日イタリア大使

グワルティエリの日本語訳出版に寄せて

私は、およそ15年前、亡くなられた先輩の神父からこの本の原書を頂きました。

それまでは天正遣欧使節の四少年のことを詳しくは知りませんでした。

しかし、その原書がきっかけで史実の多くを知り、14歳の若者がさまざまな困難を乗り越え、これほど大きな活躍をしたことや、少年達が訪問した欧州の各地で、大歓迎を受けたことに、とても驚きました。

複雑な現代において、子供達だけでなく、我々が、もう少し大きな夢をいだいた時、それぞれの目的を達するためには困難や苦しみも耐えることができると思っています。

この本の出版に関わり、彼らをよく知ることができたと同時に、現代の日本と世界の若者に、この勇敢な旅の話を聞かせなければならないと考えております。

したがって、青少年だけではなく、小さな子供たちのためにも、この本を何か適した形でさらに準備できたら、良いと考えます。

日本において、この四少年の大切な歴史が、忘れられることなく語り継がれ、次の世代の若者が夢を見る、きっかけになれば良いと思っています。

この本は、日本にとって、とても大切な本だと思い、訳者である宮崎の上杉さんにお会いした際に、この本をお渡し致しました。

翻訳を行った上杉さんをはじめ、関係者の皆様の御苦労に心より感謝申し上げます。

ドメニコ・ヴィタリ

イエズス会 日本26聖人記念館館長

当時ローマへ徒歩で向かった偉人、船で向かった偉人たち。

いづれも苦難の旅路、往路に数年を要し、復路に同様。

司祭となって、祖国で信仰の道を歩む人々を導き、隠密にミサを献げ人々と共に祈る。

波瀾の短い生涯を走った。我が郷土の兄弟、伊東マンショ。

全ては神の恵み。その業は天に記録されている。

神に賛美。

ヨハネ 井下 喜代秋
大分教区終身助祭

〈天正遣欧４少年の旅〉の出版に寄せて

年齢的に中高生に相当する４名が、1582若者の未踏の地ヨーロッパに向かって旅立った。彼らのヨーロッパ行きを駆り立てた夢を聞いた両親、特に母親は猛烈に反対したといわれる。しかし、彼らは怯むことなく新天地を目指した。いずれ帰国出来るといった保証なしである。それだけにスペインやイタリア信仰国から学びたいとの決意は、強固だったに違いない。

若者特有の新奇さへ憧憬や異質な世界への探求心は、チャレンジ精神は危機に遭遇しても決してしぼむことはなかったとある。彼らのエネルギーの源泉は、何より「たびたび跪いて祈った」ことにある。神への堅固な信仰心、学びたい求道心、４名の強固な人間的絆は、目標を遂行する力、支えになったに違いない。こうした決断力の底力は、遠大な目標に根付いた人生観、価値観、世界観、歴史観を母国に持ち帰りたいとの思いと、それ以上に、キリストの心に触れ、人々と分け隔てなく配慮される神の慈しみを会得したいとの願望にあったのではないか。

彼らの滞在中の記録は、この書物の原書であり、私たちの心を鼓舞する貴重な文書となった。

彼らの克明な記録から、権力へのおもね、名誉欲、嫉妬心、偏見と独断による差別の侵入するスキがなかったことをうれしく思う。と同時に、イエス・キリストの愛に賭ける少年たちの人柄は、年齢それ以上の成熟を遂げたといえよう。自ら考え、多くの中から選択し、決断し、実践したことの責任を取る、自律した人格的な成長である。

現代社会の欠陥は、〈聴き上手〉の不在であるといわれる。日本文化の「お大切に」の代わり、金銭欲、生命軽視・身勝手・差別等が蔓延している。それに対し、４名の少年はレッテルを張らず耳を傾けている。そのような彼らの生きざまは、イエス・キリストのように〈対話の達人〉として、時代を超え、彼らの記録は私達の琴線に響いてくる。

令和の時代を迎えたいまも、日本社会は私利私欲、金銭欲、名誉欲・若さの喪失である保身の渦中にあるようだ。「目覚めなさい。悔い改めの時が近づいた。」「互いに愛し合いなさい。」「勇敢に自分の枠から出て行きなさい。」は、私達にとっての人生の羅針盤に相当する神のみ言葉、霊的若さの保証として、心に重く受け止めるべき言葉である。

現フランシスコ教皇は繰り返し奨励される「人はみな神の前に平等である」の教えは、イエス・キリストの根本的なメッセージである。互いに尊敬の上に成り立つ助け合い・和解の精神、隣人との交わり。本書はこうした指針に満ちており、長い人生を歩もうとしている青少年にぜひ奨励したい。4少年を駆り立てた夢・希望・喜びの生き方からきっと多くを，学ぶことができるであろう。

伊東マンショ。実は私の先祖である。しかし、父にはカトリック信仰は受け継がれていない。私は高校時代にプロテスタント教会で受洗、大学１年次にカトリック信仰に触れて改宗。父は、「ようやく我が家に霊的な芽が息吹いた」と言った。さらに大学卒業後、修道者として信仰の証人としての恵みを頂く。こうした歩みを通して、自力で生きていると思いあがりの私に「人とは神と人に生かされている自分」認識へと導かれた。聖霊の働きによる無償の恵み、大いなる自己発見である。聖霊さま、神の慈しみの心と、救いの希望・平和・喜びを運ぶ者にしてください。日々神に感謝！

シスター伊東幸子

聖心のウルスラ宣教女修道会

少年使節について
グワルティエリの日本語訳出版に寄せて

日本から命がけで海を渡って当時の教皇グレゴリオ13世、並びに、シスト５世との謁見を遂げた、天正遣欧使節の史実そのものは知られています。しかし、その歴史的な出来事の詳細については、専門家に任せられている領域とも言えます。それは、適切な日本語版が出版されなかったからだと私は見ています。例えば、同年代のヨーロッパ人に読みやすい、ルイス・フロイスの『日本史』は、約50年前に日本語訳が二通りに出版され、一般的に読まれて、文庫本の形で現代にいたって親しまれてきました。少年使節の教皇謁見についてもやはり、専門家向きの公式記録と並んで、一般向きの本が出版されていました。ルイス・フロイスは、天正遣欧使節の出来事が、人気を集めると思い本を書きました。しかし、『日本史』と異なって日本語訳が出版されても注目を集めませんでした。詳細を省きますが、当時も今も読みやすくて日本人に親しまれそうな天正遣欧使節のことを記録した本といえば、1586年にバチカンより出版されたグィード・グワルティエリの著書であります。

今回、当時と同様に、読みやすく、ユーモアを保ちながら日本語で出版できる事は、大きな喜びであり、日本人の誇りであるべき史実を再発掘する機会となります。なぜ、今になって、と問いたくなる事と思います。それは、今年こそ、少年使節が謁見した後継者の教皇フランシスコが来日することになったからです。したがって、この本は、教皇と日本の交流が、およそ450年前に始まり、今日に至り続いていることを意識させる本でもあります。キリスト教の迫害があったからといって、日本とヨーロッパがいつも対立したわけではありません。むしろ、その迫害以前、他の国が真似できないほどに素晴らしい外交官がいたことを再評価すべきであり、今回、この本を出版する意味があると、私たちは考えました。現代の日本人に、親しまれていない細かい描写があるとはいえ、グワルティエリの記述は、現代のレポーター的な、恰も目の前にて出来事が起こっているかのような描写に思わず引き込まれます。同時に、本人にしか出さない情報や観点があり、専門家から見ても注目を集めるべき事項が御座います。

願わくば、この日本語口語体を通して、日本と世界のより友好的・建設的な関係を深め、教皇フランシスコの訪問を通して、何世紀に渡って築き上げられた絆が深められますように、心より祈念申し上げます。

Renzo De Luca, sj

デ・ルカ・レンゾ

イエズス会日本管区 管区長